民國歷史與文化研究

十六編

第 **4** 冊

富連成詳考（下）

李德生、包珈 編著

花木蘭文化事業有限公司

國家圖書館出版品預行編目資料

富連成詳考（下）／李德生、包珈 編著 -- 初版 -- 新北市：
花木蘭文化事業有限公司，2023〔民 112〕
目 6+150 面；19×26 公分
（民國歷史與文化研究 十六編；第 4 冊）
ISBN 978-626-344-190-3（精裝）
1.CST：富連成 2.CST：京劇 3.CST：中國戲曲
628.08   111021710

ISBN-978-626-344-190-3

民國歷史與文化研究
十六編 第 四 冊   ISBN：978-626-344-190-3

富連成詳考（下）

編　　　者	李德生、包珈
總 編 輯	杜潔祥
副總編輯	楊嘉樂
編輯主任	許郁翎
編　　輯	張雅淋、潘玟靜　美術編輯　陳逸婷
出　　版	花木蘭文化事業有限公司
發 行 人	高小娟
聯絡地址	235　新北市中和區中安街七二號十三樓
	電話：02-2923-1455／傳真：02-2923-1452
網　　址	http://www.huamulan.tw 信箱 service@huamulans.com
印　　刷	普羅文化出版廣告事業
初　　版	2023 年 3 月
定　　價	十六編 5 冊（精裝）新台幣 14,000 元

版權所有 · 請勿翻印

富連成詳考（下）

李德生、包珈　編著

目

次

第十二章　梨園人才兩個半

　　民國 2 年的冬天，廣德樓的前臺主持人看見富連成在三慶園的營業買賣大有起色，便又託人關說，甲寅（民國 2 年）之春，富連成重回廣德樓，經常演唱日戲。這個時期，是以二科學生為主，頭科與大三科的學生為賓，搭班學藝的角色除了明娃娃（後改名裴雲亭）還在前三齣唱一個梆子老生戲之外，其他的坤角都已陸續脫離，那時最叫座的戲，是蕭長華先生給二科學生們排的《獨佔花魁》。這個戲原是崑曲，到了光緒年間，北京有位名士叫李毓如（名鍾豫，別號了然，因為他是一隻眼）的，把它翻成了皮黃，交給四喜班演唱，蕭先生所排就是用的這個本子。這戲共有四本，分四天演完，與《今古奇觀》小說上所載的事蹟有些大同小異。有時只單演一個頭本，名為《反汴梁》，是從金兀朮南犯起，韓世忠、梁紅玉在汴梁抗拒金兵，不敵敗績，內中加插著秦鍾父子失散，辛瑤琴隨雙親逃難，中途為亂軍衝散，路遇卜仁，被其拐逃等情節。二本是辛瑤琴被卜仁轉賣與鴇母王九媽，逼良為娼，辛女誓死不從，劉四媽勸妝，秦鍾賣油，路遇瑤琴，知為名妓花魁，積資夜訪，適花魁醉歸，秦鍾坐侍通宵，次晨花魁酒醒，贈銀定情。第三本是土豪武霸強恃勢強劫花魁遊西湖，怒其不遜，褪其衣履，棄置雪中，值秦鍾索債經過，脫衣救起，送歸王九媽家。第四本即秦鍾迎娶，獨佔花魁，辛秦兩家父子母子相會，完聚團圓。

　　民國 3 年，有一次富連成因永定河水災，在廣德樓演義務夜戲，把這齣戲由二本到四本一夜演完，是小翠花飾花魁，程連喜的秦鍾，遲喜珠的王九媽，金喜棠的劉四娘，閻喜林的辛善，馬富祿的卜仁，鍾連鳴的武霸強，這就是當年原排這齣的本主。至於《反汴梁》，那時是殷連瑞的韓世忠，元元旦的梁紅玉，金連壽、何連濤的韓彥直弟兄，鍾喜久的金兀朮。

廣和樓連演二十四年

《獨佔花魁》這戲自民國以來，是富連成獨有的戲，從來也僅有北平戲曲學校演過幾次，那時是李玉茹的花魁，李金鴻的劉四媽，儲金鵬的秦鍾，也是用的富社本子排演，此戲只有富連成能演，堪稱獨擅，離開了北平，便不易看到這個戲了。

富連成科班創始者固然是葉春善老闆，幫同襄助的，還要屬蕭長華，二者缺一，這番事業也不能有四十多年的輝煌歷史，蕭先生這齣《獨佔花魁》，在廣德樓整整紅了一年，同時還要給小翠花（于連泉）、小荷花（于連仙）說好多玩笑戲，並兼著給大三科的兩個正工老生張富良、方富元和三個小花臉馬富祿、茹富蕙、高富遠諸人等開蒙，其辛苦勞累也就可想而知了。

這（民國 3 年）年冬天，廣和樓又派出人來邀約，在富連成方面，也正因為學生日漸增多，而廣德樓的後臺過於狹窄，經過了簡單的接洽，可以說是一拍即合。到了甲寅年的臘月二十日這天，富連成與廣德樓戲園便正式脫離，全班移到前門東肉市廣和樓，演了一場封箱戲。到了民國 4 年 2 月 14 日（乙卯年正月初一日），富連成就開始在廣和樓長期出演，直到民國 27 年，才移到鮮魚口華樂園去唱，富社與廣和樓的關係，整整維持了將近二十四年之久，也可以說自有北平梨園史以來，戲班與戲園之間能有這麼長久的合作，可算是空前絕後的了。

富社學員與搭班演出的學員合演的《嘉興府》。

　　富連成社移到廣和樓露演以後，仍然是以武戲整齊火熾，享名一時。葉老闆每日派出來的戲碼，除去開場戲以及三齣梆子戲之外，總有一齣由玩笑旦或是丑角主演的玩笑戲，再加著重唱工的一齣西皮，一齣二黃，每天定例，準要有三齣武戲，分稱小、中、大三個軸子。這三出武戲還要有「靠把」、「短打」、「鬧妖」之別，譬如小軸子是《搖錢樹》，中軸子為《長阪坡》，大軸子便是《嘉興府》。如果小軸子是《雙盜印》，中軸子演《冀州城》，則大軸子必須是《青石山》或則《安天會》，諸如此類，在一兩個月內，戲碼不能重複。那年月不像如今，排出一齣新戲來，就唱起來沒完，非得唱得剩了三成座，不用打算換戲碼。在民國初年，聽戲的人，都是長期顧客，不用說每天總是那一齣戲沒有人再去看，就是一天的戲碼中派得有了重複的（譬如《武家坡》與《桑園會》，或是《四傑村》與《豔陽樓》派在一天）都會惹人訕笑的。因其如此，富連成經常能派出來的戲，文武崑亂共有四百多齣，再加上秦腔的戲，總在五百齣以上，而武戲要占這個數目的三分之一強。所以富連成專教武戲的教師也就請得特別多。

加請董鳳岩教武戲

　　除去姚增祿、茹萊卿幾位之外，葉老闆給大三科的學生又請進一位董鳳岩來。這位董先生，是當年四喜班名老生董夔龍之子，母親王氏，是紅眼王四（王福壽）的妹妹。董鳳岩幼年在四喜班打下手，正值楊隆壽先生搭四喜班，見他武工好，人又聰明，就收他為徒，後來年長，專應二路武生，陪著俞菊笙配戲多年，所有俞派的戲，他是無所不知，無一不能，猶如遲月亭之隨楊小樓，閉著眼睛都能找得到準地方。

　　董鳳岩受葉老闆之邀進富連成教戲，當然要以俞派武戲為重，最初他給大三科的學生們開蒙，是先說了一齣《武文華》。這個戲，非僅大三科諸生專學，二科裏連字班也同時受教，類如王連平之流，對於這一齣的真實授受，都是得之於董鳳岩。唯有茹富蘭一人，這齣戲卻不是從董先生學的，而是經他祖父茹萊卿教的，茹萊卿與姚增祿兩位都曾輔弼俞菊笙多年，他們教這齣《武文華》的路子，與董鳳岩是殊途同歸，毫無二致。這個戲原是一齣專為小孩兒們初學乍練的開蒙戲，當年俞菊笙在世的時候，一年之中很難得露演一次，但是他卻給俞振庭、楊小樓兩人排過這戲。光緒末年，福壽班出演於廣德樓，俞五的這齣戲常在前場貼演，民國以後富連成班經茹、董兩位先生把這齣戲教練純熟，

時常演唱，楊小樓因此追念師門遺傳，不忍使老戲日久湮沒，以致失傳，所以在民國7年8月4日（即陰曆戊午年六月二十八日），曾在北京第一舞臺，初次與許德義合演這戲。到後來，小樓把這個戲傳給他的外孫劉宗楊，茹富蘭把這齣傳給他兒子茹元俊與孫元彬兩人。王連平傳給楊盛春與高盛麟、黃元慶三人。沈富貴傳給尚小雲的長子尚長春。連平、富蘭、富貴，都從茹萊卿、董鳳岩二位流傳下來，與楊小樓之徒俞潤仙所學，源出一派，所以稱為殊途同歸。外江派武生，能唱這戲的人就少得很了。

富連成學元班世超演出的武戲《大神州》劇照。

《武文華》這戲，對於小孩子開蒙，有什麼好處呢？因為與《大神州》《武當山》又不同了。《大神州》的燕青，《武當山》的朱洪武，都是注重在「拉擂」那一場，可以使初學武生的練一個肩平膀直，腳下穩實。《武文華》中的萬君

兆，則重在走邊的那幾場，內行所謂「拉邊掛子」，不但有身上的工夫，還要注意到嘴裏的曲子，在載歌載舞的時候，手眼身法步，處處都得應節合拍，與《淮安府》的賀人傑，有同工異曲之妙。

董鳳岩先生除去教了這齣《武文華》，類如施公案八大拿的戲，也是他給大三科的學生排演，這些戲原是羅燕臣、丁連升兩位給頭二兩科主排，董先生教大三科這戲的時候，羅、丁二位均已先後去世，所以董鳳岩是按照俞家的路子教，而用侯喜瑞為助教，故而沈富貴這八齣黃天霸戲，全由董先生給他說，至於韓富信的黃龍基、羅四虎、侯七、郝文僧、殷洪、李佩、蔡天化、費德恭，全是侯喜瑞教的。可惜天不假年，董先生在民國9年冬天，病故在富社教師任上，這不僅是富連成的一個無可補償的遺憾，也可以說是國劇界的一個重大損失，因為董先生對於俞派戲的奧秘，知道得太多了，他故去的時候，雖已五十七歲，但那時姚增祿已故，茹萊卿已老邁得不能再出來教戲，固然是茹、董二人同庚，不過他還能有這種「替祖師爺傳道」的精神，所惜的就是留傳不多，懷技以歿，使後之人慾知俞菊笙當年某戲如何演法，亦只能在俞振庭、楊小樓兩人的戲裏想像而得之了。

文武不擋兩個半人

因談董鳳岩，又連帶想到了他的母舅王福壽王四先生。他是小福勝科班出身，與范福泰、彭福齡都是師兄弟。唱文武老生，據說他那齣《鐵籠山》，有許多地方連老俞毛包都自歎弗如。他之為人方正耿直，玩藝兒雖好，性情卻異常怪僻。所有梨園的「生行」，他全看不起，根據張聊止在民國13年所寫的《王福壽傲骨嶙峋》一文中說：「老伶工王福壽，清末與譚鑫培、李順亭輩，同供奉內廷，於文武崑亂各劇，無所不精，梨園中人咸稱之為紅眼王四，性孤傲，不能隨俗，又常與同輩忤，故終身不得志，然其劇藝之深邃，則識者無不從之。偶於堂會戲中演《寧武關》《對刀步戰》《取洛陽》《戰太平》等劇，內行皆斂手歎服。常曰：『劇界只有兩個半人，伊與老譚為兩個，而大李五（即李順亭）則半個也。』其自負如此。民國5年冬，余以包丹庭之介，從王習武戲，王囑先學《探莊》以立基礎，其後始學桀靠劇《借趙雲》《挑滑車》等齣。先是余曾從戴韻芳習小生，從陳福勝學老生，至是乃從福壽潛心練武矣。民國10年雙十節，馮宅堂會，李釋老囑余代邀福壽，與陳德霖合演《三擊掌》，彼出臺，座客皆不識為誰何？羅癭公先生起立揚言於眾曰：『此老伶工王福壽，

世稱紅眼王四者也。」顧此劇實非王所長，演畢，酬洋三十元，自此遂不復登場。今歲病逝，得年六十有九。其子軀幹過長，性亦愚魯，福壽不令學戲。曰：『此子非戲料也！』使為稗販以自活云。」自負的程度，由此文可知。在民國3年，葉老闆也曾經請他進富連成，給二三兩科的學生教過一個短時期的戲，像殷連瑞的《別母亂箭》與殷連瑞、蘇富恩的《對刀步戰》，蘇富恩的《戰潼臺》，這些戲全是王四先生給他們說的。

富連成學員葉盛蘭演出的《探莊》飾石秀。

記得王四先生在富社教戲，曾經鬧過一個笑話，就是民國3年冬天的一個晚間，王先生給趙連升、王連平、茹富蘭三個人說《探莊》的石秀，因為王先生教戲向來不喜歡別人在旁參觀，所以照例都是在屋子裏面說，而不到院子去教。這一天，正教到他們三個人轉身下腰，偷祝家莊頭目三兒鬢邊斜插著那根鵝毛白翎的時候，忽然一回頭，看見窗戶紙上濕了一塊，還挖了一個小窟窿，他就想到了這是葉老闆又查他的夜功來了，當時神色不動，一面仍舊教戲，一面回手拿起他常用的那支二尺多長的旱煙袋來，冷不防衝著那個窟窿往外一紮，嘴裏還念叨著說：「又跑這兒偷我的戲來啦。」這一下子，若非葉老闆當時躲閃快，真許能把眼睛給砸傷了，從此第二天起，王先生就不再來教戲了。

葉老闆知道他的古怪脾氣，也不便再去請他回來，所以王連平、茹富蘭這齣《探莊》後面的起打幾場，都是由葉福海（盛茂之父）在事後補教的。因為王四先生是為了教這戲而辭歇，所以富連成二三兩科就沒有公演過這齣戲。茹富蘭在民國 10 年離開了富連成，搭了高慶奎的慶興社，到民國 11 年 5 月 31 日（即壬戌年端午節），才在華樂園初演這齣《探莊》，這天大軸子是高慶奎與程硯秋的《金針刺蟒》。至於富連成在廣和樓露演這戲，是始於民國 17 年 7 月 17 日（即戊辰年六月初一日），由高盛麟主演，前面加上《奪錦標》，後面帶《扈家莊》，那是由王連平給他們說的。

富連成科班常演劇目的老戲單。

王福壽先生自從與富連成有過這次不愉快的事件，後來每遇喜慶堂會戲，只要是富連成的班底，外串名角，如果恰逢王先生也被邀登場，他在臺上見了富社的學生，也要借個因由，教訓幾句。到了後臺，還要向管事的發些牢騷，什麼「你們這還叫科班哪，連這齣戲都不會，到臺上跟這亂碰」。配角並不見得准有錯，僅是王先生看著他們不順眼而已，後臺管事的全知道他老先生的脾氣，誰也不敢抗辯，只能唯唯諾諾，急速躲開，到了民國 13 年，王先生病故於北京。他的第二個孫子入富連成五科學武旦，藝名王世祥，其技能在閻世善與班世超之間，出科後在民國 28 年，隨張雲溪赴關外演戲，可惜在民國 29 年病死在瀋陽了！

太危險取締爬欄杆

富連成各科學生不但武戲好，尤其是各式各樣的跟斗，翻得高而且衝。這原因，就是每日晨功，負責教練武工抄手的教師，全是斫輪老手，才能傳授得出這種成績來呢。該社教武工的教師，以頭科以迄五科，一向是由宋起山（宋富廷之父）先生專任，至於輔佐宋先生的賈順成先生，也值得特別介紹一番。

賈順成，北京人，不詳其是何科班出身，清末以武二花散搭各班，民國初年，因年高體胖，不再登臺，適值富連成教武工副手苗先生病故，葉老闆便約賈先生來承其乏。凡教武工時，照例是兩位教師相向對坐，學生循序由中間走過，教師用手一抄，學生們便藉勁使力，翻了過去，內行術語謂這兩位先生為「上下把」，即坐右邊的為「上把」，坐左邊的，名為「下把」。所有跟斗，如「前翹」、「後翹」、「加棍」、「案頭」以及「毽子」、「小翻」與「提筋」等等，無一不是由「上下把」的武工教師所練出來的。宋、賈兩位先生，所以能把各科學生大小「跟頭」教得那麼好，就是由於「把」上穩，手裏有準。在清末民初，戲臺上的武技，除了翻「跟斗」之外，還有一種驚險的武工，叫做「爬欄杆」。這是在臺口左右兩柱上端，橫釘鐵棍一條，演員起登上面，作各種技藝，如「夜莊探海」、「倒掛蓮花」、「鯉魚打挺」、「童子拜觀音」等等，名目繁多，這類武工，都是用於俠士探莊，或淫賊採花等等場子。早年演《豔陽樓》《花蝴蝶》《趙家樓》《溪皇莊》各戲，都是必不可免的。有些童伶技術好的，能以手足飄空，令臺下觀者咂舌，代捏一把冷汗。

到了民國五六年間，京師警察廳總監吳柄湘，因為這種玩藝兒危險性太大，稍一不慎，失手跌墜，雖然不出人命，也要摔個骨折筋斷，基於保安的立場，下令禁演，以後無人教練，漸漸的將近失傳。到了民國 12 年 7 月（即癸亥年六月），慶麟坤班在中和園露演，由外埠約來一個坤角小武生，叫蓋榮萱，那年她才十四五歲，打炮戲《花蝴蝶》，加上一場爬欄杆，北京人士已有多年沒見這個玩藝兒了，溫故知新，人人誇好，從此這個小坤角便一炮而紅。其實民初的富連成，康喜壽、趙連升、金連壽、張連寶，甚至於大三科的張富湘等，無不以此為拿手，這些人之精擅此道，都是受教於宋起山、賈順成兩位先生。後因有禁令，便無形中把這一門功課給淘汰了。

民國初年武戲中運用攀欄干的技巧風行一時，這是民間木版年畫中繪製的情節。

富連成武藝教師，還有一位趙春瑞先生，此公諢號叫「二黃趙」。他是專門教授黃派武生戲的。因為黃月山的拿手戲，如《劍鋒山》《獨木關》之類，都是以二黃為主，趙春瑞當年曾在寶勝和班充任管事多年，所有黃月山的那些絕活，他是裝滿了一肚子，於是得了這麼一個外號。葉老闆給富連成請教師，總是挑揀那些獨擅勝場的人物邀請，譬如精於俞派的，要請姚、茹、董三位，那麼談到教黃派戲的人，自然是非「二黃趙」莫屬了。

趙春瑞教大三科，最初是《鳳凰山》，這戲在亂彈班裏，有兩種演法。一種是淤泥河救駕，破蓋蘇文飛刀，這齣是以薛禮為主，雖然是黃派戲，外江武生能演的也還不少，另一種是蓋蘇文飛刀殲唐將，馬三保剁手剁腳，這是以馬三保為主，趙春瑞教的《鳳凰山》就是屬於後一派的。馬三保是武老生應工，陣亡盡忠那一場，唱作並重，現在很少見有人再演了。

此外趙先生還教了一齣《精忠傳》，這戲是演岳飛大鬧武科場，槍挑小梁王，後接大破大刀王善的故事，前半出以宗澤為主，後半出以岳飛為重，民國4年，這個戲經富連成乍排出來，在廣和樓很能叫座，戲碼雖然總列在中軸地位，可是每演必滿。沈富貴（飾宗澤），蘇富恩（飾岳飛，但茹富蘭亦曾數演此角），韓富信（飾小梁王），張富有（飾牛皋），劉連榮（飾大刀王善），都是由此劇而享名。所以後來趙春瑞再教《反五關》的時候，仍然是以沈富貴飾黃滾，蘇富恩扮黃飛虎，就是因為他們兩個人把《精忠傳》唱紅了的緣故，繼續

接排的還有《獨木關》《摩天嶺》《劍鋒山》《銅網陣》《刺巴傑》《大蟒山》《百涼樓》等戲。都是由沈富貴演薛禮、邱成、白玉堂、駱宏勳、勝英、賀天保、吳禎這些主角，幾乎把沈富貴造就成了一個正宗的黃派武生，要與當時馳譽梨園的李吉瑞、馬德成相抗衡了。其實那個時代，正是俞振庭、楊小樓顯赫一時，一般觀眾對於黃派武生戲已經缺乏欣賞的興趣。倘非趙春瑞給富連成種下這麼一個「一派流傳」的根，恐怕像《精忠傳》與《反五關》這一類的戲，等到老輩凋零之後，也就隨之而失傳了。

富連成教師合演《豔陽樓》殷連瑞飾花逢春，何連濤飾高登。

富連成招收了大三科的學生入社以後，像姚增祿、茹萊卿、丁連升三位老先生，只教了他們一個短時期，便告老的告老，病故的病故了。至於楊萬青、韓樂卿、羅燕臣與教武工的苗先生四位，都是喜連成改稱富連成之始，便先後作古，根本沒教到這一班富字的學生，文行中僅有蘇雨卿、蕭長華、蔡榮貴、葉福海、郭春山幾位，是給老生張富良、小生茹富蘭、青衣吳富琴、花旦董富連、老旦何富清、銅錘瞿富夔、文丑茹富蕙諸人開的蒙。至於武生沈富貴、武旦邱富棠、武淨韓富信、武丑張富湘等，則都是由宋起山、賈順成、董鳳岩、趙春瑞幾位傳授出來的了。

葉老闆鑒於老輩名宿相繼去世，便從自己的喜字、連字兩班徒弟中，選拔出幾個優秀的人才來，輔佐前述的各位教師，擔任助教的職務，使三科的學生

們仍然尊稱他們為「師哥」，但是有監督管理的責任。這幾個人，就是王喜秀、雷喜福、侯喜瑞、劉喜益、金喜棠和劉連湘六個人。

乏師資師兄充助教

王喜秀、雷喜福、侯喜瑞、劉喜益、金喜棠、劉連湘這六個助教到了民國六七年間，全都升任為正式教師。

王喜秀字雲坡，北平人，生於前清光緒二十三年。九歲時入喜連成學戲，經葉福海給他以《天水關》《白馬坡》《罵曹》《戰長沙》等戲開蒙。登臺時，藝名金絲紅，臺下的人緣好，本人的嗓子衝，成為當年喜連成的臺柱子。葉老闆愛他聰明穎悟，曾親自教他《機房訓》《戰太平》《慶頂珠》等這些武老生與衰派的戲，在光緒末宣統初的時候，「金絲紅」三個字，在童伶班中算得是天之驕子了。葉老闆的三弟葉雨田最喜歡他，從小孩兒時便管他叫做「乾兒子」。到了喜秀將近倒倉的年份，葉雨田讓他睡簸籮，這是早年梨園界擔心青年倒倉不易恢復的一種預防方法。因為小孩子睡在篩米的簸籮裏，必得弓背，彎腰，屈腿，才能夠睡得下，如此便可以保持元氣，每夜都是由葉雨田拿著一把戲班裏用的刀，坐在旁邊，看他一宵，只要喜秀略一動彈，當時就抽他一刀，如此整整的看了三個月，結果王喜秀到了倉期，依舊倒嗓，而且是一蹶不振，至死也沒有復原。

喜秀雖然倒倉未復，玩藝卻學得瓷實，不但鬚生戲有了根底，便是許多武生戲，也是得到羅燕臣的真傳，所以後來他教大三科老生方富元的各戲，以及用《打漁殺家》給沈富貴開蒙，這全是得力於幼工堅實所致。

雷喜福從民國元年，複姓歸宗，不再冠他舅父的張姓。在民國3年，便擔任了富連成社老生行的助教，當初方富元、張富良兩人乍一出臺，還沒到經常排隊上館子的時期，遇有無事在班，例由雷喜福駐守在學堂裏給他們二人看功。有許多偏重做工戲，都是經他傳授給張、方二人，同時還有個何富清，藝名小俊卿，除演老生戲外，並兼老旦，也是由雷喜福一手教成的。

侯喜瑞，字藹如，原籍河北省衡水縣，世代經商，其父名殿魁，喜瑞在喜連成坐科七年，宣統末年出科，每日戲完，必要到各大班中去觀摩黃潤甫的演出，有時間的話，還要溜到後臺，看黃三勾臉扮戲，他對於黃的藝術整整無間寒暑的窺伺了五六年之久，雖沒有拜黃親炙的機緣，但喜瑞私淑黃派的工夫，卻下得不小，俗語說「有志者事竟成」，所以後來得以侯、郝並稱，與金霸王成為淨行三傑，就是得力於他好學不倦的益處。

章遏雲、芙蓉草、慈瑞泉、侯喜瑞、貫大元、姜妙香之《法門寺》。

　　侯喜瑞非僅好學不倦，而且是誨人無厭，在他剛一出科還沒有擔任助教，便時常給二科的師弟們說戲，武生殷連瑞、趙連升，武旦張連芬，花臉鍾連鳴、王連奎等人，都跟他學過戲，到了大三科的學生入科，他已是正式助教，幫著董鳳岩排「八大拿」，幫助蕭長華排《三國志》，幫著蔡榮貴排《江東橋》《法門寺》，那時候，正值教武旦的徐天元離職，所有《取金陵》《奪太倉》這類戲的配角零碎，也都是侯喜瑞一人負責教授，到了民國7年才離開富連成，在家中休息了將近二年，最初搭入劉鴻升與王瑤卿合組的復慶社，嗣後散搭各大班，直到民國11年，在高慶奎的慶興社替郝壽臣演《七擒孟獲》的魏延，這才算脫穎而出，從此一帆風順，成了一位名架子花臉了。

　　劉喜益，北京人，其父名德海，工武旦，兄名寶雲，擅青衣。喜益光緒二十年生，十一歲入喜連成，由羅燕臣先生一手提拔，以《金錢豹》之悟空、《飛波島》之黑鯰魚享名一時。習滿出科，即在社服務，先充後臺武管事，繼兼助教，茹富蘭之《金鎖陣》，沈富貴之《賈家樓》，均屬喜益為大三科學生之開蒙戲。嗣後又為韓富信等排《金沙灘》，深得葉老闆之器重，侯喜瑞離社以後，董鳳岩、趙春瑞先後謝世，大三科武戲大部分均由劉喜益督率教練，因其有編「檔子」之專長，各短打戲中繁雜緊湊之大檔子，咸出其手。

　　金喜棠生於前清光緒二十三年，七歲入喜連成，從蕭長華先學玩笑旦戲，藝名海棠花，則其嬌豔可知，擅長之劇，如《打刀》《打灶王》《打槓子》《打櫻桃》《小過年》《小上墳》之類，彼時均歸喜棠串演，其師兄高喜玉（元元旦）所學側重於刀馬旦戲，若《馬上緣》《英傑烈》《得意緣》《戰宛城》等，喜棠雖亦同時受教，但從無露演機會。宣統二年出科，即隨蕭先生左右教二科各生花旦戲，小翠花（于連泉）、小荷花（於連仙）均曾受其指點。至民國三四年間，喜棠嘗為小翠花配，反串小生，因那時程連喜已專演頭路小生戲，而蕭連芳尚演青衣未改小生，故一般二路小生角色呈青黃不接之狀態，乃由喜棠承其乏。大三科花旦董富連、尚富霞均由喜棠為之開蒙。其後又追隨蔡榮貴先生任文行小管事，兼充對外交際。

　　武旦劉連湘出科後，雖仍留社演戲，適該社之武旦教師徐天元辭職他去，葉老闆乃命劉連湘續教大三科武旦邱富棠，經常在社練功說戲，是故邱富棠之技藝有十之八九均出自連湘所授，與侯喜瑞合教《取金陵》《奪太倉》《普球山》《四傑村》及各鬧妖戲，邱富棠日後之成名得力於連湘之教益，殊非淺顯。

第十三章　富連成的三多九如

　　富連成科班招生既無定期，學生入學年份亦遲早不同，故富、盛、世、元四期各分大小兩班，連以前喜字、連字以及最後之韻字總計共有十一科之多，學生畢業後大都仍留在科班服務，多則三五年，少則一二年，遇有機緣始脫離母校外出搭班，或則技藝優良獨當一面，或則唱做俱佳自領一軍，於是富連成的成名弟子遂遍布於全國各地。有些人因身價增高，地位亦隨之增進，內行中人有尊稱之為「某幾爺」者，此原屬北平人「人敬人高」習見之客氣稱呼，如張三爺、李四爺之類，本屬尋常，無足怪也。

富社諸科行三多多

　　顧富連成歷年以來出科之學生中以排行第三者為多，一般內行例均呼之為「某三爺」，嗣後漸漸成為一種「官稱」，雖外行友朋亦多效此稱呼，由是被稱為「三爺」者乃比比皆是，不勝枚舉矣。

　　于連泉：即著名花旦小翠花，生於前清光緒二十六年庚子七月二十二日申時，逝於 1968 年，卒年六十九歲。原籍河北省衡水縣，其父於海泉前清在都察院當差，遂在北平落戶，其長兄永立出身鳴盛和科班，習武淨，次姊早夭，故連泉乳名三立。尚有一妹，乳名四丫頭。因連泉行三，故均呼之「於三爺」。

　　馬連良：生於前清光緒二十七年辛丑正月十一日，逝於 1966 年，卒時年六十六歲。連良為回族人，其父馬西園與兩兄——崑山、沛霖世代同居，在北平阜成門外開茶館為業，故連良與其兩堂兄——春樵（武生）、春甫（場面）統一排行，行三，乳名三賞兒，迨其成立扶風社後，為梨園界最有名之「馬三爺」。

方連元：生於前清光緒二十八年壬寅九月初九日亥時，原籍江蘇丹徒縣，自其曾祖遷北京定居已歷四世矣。方連元於民國4年加入富連成科班後，從教師徐天元習武旦，勤練蹺工及各種跟斗，能戲以《演火棍》楊排風、《東昌府》郝素玉、《巴駱和》馬金定最為著名，又從蕭長華學花旦刀馬戲，如《英傑烈》陳秀英、《五彩輿》馮蓮芳、《南界關》劉夫人，並從茹來卿學《八大錘》反串陸文龍，皆享聲譽。有姊二人，長姊嫁老生雷喜福，次姊嫁武生高連甲，連元行三，有弟名富元行四，民國15年前後「方三爺」之名馳譽後臺。

馬富祿：生於前清光緒二十六年六月初六日，原籍河南扶風縣，卜居北京已屆三世，有兄名漢明，即老旦馬元亮之父，尚有一兄早夭，富祿行三，乳名三海，八歲時入鳴盛和科班習老旦。鳴盛和報散後，於民國3年入富連成深造，改習丑角。至民國6年舊曆五月二十八滿科，為富字班年齡最長、滿科最早之一人。其被人尊稱為「馬三爺」，猶在馬連良之先。

孫盛文：生於前清宣統二年，原籍河北省河間縣人，其父名棣珊，在福壽班坐科，工武旦，藝名孫德祥，與武淨許德義為師兄弟，早年還走外江，久住上海，故盛文弟兄均生於滬上。因德祥胞兄棣棠已生有一女（後嫁武生余幼琴）一子（即孫毓堃），盛文出生後乳名阿三，其弟盛武乳名阿四，尚有一妹（後嫁武旦朱盛富）行五。民國8年棣珊在滬病故，由棣棠託人運柩及其子女回北京，民國9年經名武旦朱文英介紹盛文、盛武進富連成習藝，補入大四科，彼時盛文年十一歲，盛武才六歲耳。盛文入科後先從葉福海學黑頭花臉，如《探陰山》《打龍袍》《御菓園》《白良關》，均能勝任。旋又從王喜秀學《長阪坡》《惡虎村》兩出戲。老教師蕭長華喜其為人誠樸剛正不阿，將來必歸工架子，決難以唱功應世，乃授以《法門寺》劉瑾、《戰宛城》及《陽平關》曹操、《普球山》蔡慶等戲。

此時王連平適負責專教大四科武戲，對盛文尤為倚重，所有八大拿中各架子花角色及各本戲之重要淨角，無不派其擔任。加以平素用功，虛心學問，未出科前即有淵博之名。民國16年滿科，各大班爭相延攬，盛文則篤念師恩，不忍遽離富社。民國18年葉社長因花臉教師葉福海去世已久，乃命盛文繼承其乏，故裘盛戎、袁世海均從之受業，至此二人出科後猶不時向之請益。民國22年蔡榮貴約李盛藻赴滬，彼時富社已滿科學生多數均見獵心喜，隨同前往，唯孫氏昆仲拒不應邀，其忠於師門、懷恩念舊之心情可以概見。直至民國25年冬，葉社長已逝世一週年後，始脫離母校外出搭班。先佐言菊朋及李盛藻，

後入尚小雲之重慶社為基本演員。民國27年尚氏手創之榮春社科班成立，即延孫盛文為花臉教師。該社頭科學生羅榮貴、王榮春、景榮慶等均由其開蒙，尤以景榮慶演《別姬》之霸王最受臺下歡迎，實有賴於盛文培植教導之力也。民國23年盛文經媒妁之言娶名淨劉硯亭之長女為妻，生有三子。盛文弟子雖多，但均為富連成、榮春兩科班學生，向其執贄行禮拜師者僅一馬世嘯（馬元亮之胞兄）。北平梨園界習慣向無直接呼老師者，一般均稱先生，淨行後輩自盛戎、世海以次，對於盛文無不以師事之，或稱先生，或稱「孫三爺」。唯一特殊者，即名淨高德松自北平戲校畢業後，曾向劉硯亭執弟子禮，故呼盛文為「大姐夫」而不稱「三爺」，以表示親近也。

左圖孫盛文先生便裝像。　　　　　右圖《定軍山》孫盛文飾夏侯淵。

　　蘇盛貴：宣統二年生，原籍河北棗強。其父蘇雨卿，後改雨清，乃春臺班名崑旦，生有二女七子，三子寶珠，即蘇盛貴。盛貴十歲入富社大四科，原習小生，後兼演二路老生。民國15年滿科留社服務十餘年，娶武生朱湘泉之女為室。迨其父逝世後，葉社長擢任為文管事，夜間有暇兼任程硯秋之秋聲社文管事，同事均欽其腹笥淵博，古道熱腸，群尊稱之為「蘇三爺」而不名。

　　陳盛泰：與蘇盛貴同庚，乃崑曲名宿陳壽峰之孫，坤生陳嘉梁之子，昆仲三人均在富社坐科。長富濤，習二路老生；次富瑞，工架子花臉；盛泰行三，

乳名三嘎子，字文瑞。入科後即從蕭長華、連芳叔侄習小生，舉凡袍帶、扇子、翎子以及窮生等小生戲無所不能。民國 14 年春三科小生杜富隆甫滿科立即離社，其原排各劇統由盛泰庖代，臺下人緣較杜尤佳。滿科後留社年餘，始外出搭班，因其為崑曲世家，收藏豐富，更為一般人指津問路之階。況其少年喪父，事母至孝，品格高超，內外兩行咸敬其為人，故均稱之為「陳三爺」而不名。

葉盛章：民國元年生，乃富社葉社長之第三子，共有弟兄姊妹九人，長兄隆章，在成達中學畢業即入軍界管軍需，退役後繼其父為富社社長。次兄蔭章，十二歲起習場面，後在富社司鼓。四弟盛蘭，工小生，五弟世長，習老生。長姊嫁武生茹富蘭，次姊嫁老生宋繼亭，三妹乃北平女師畢業，嫁南開大學教授梁君，四妹嫁蕭長華之子丑角蕭盛萱。盛章幼入福清社坐科，福清報散，轉學入富社，從王連平習武丑，以《東昌府》朱光祖開蒙，口齒便捷能翻能打。十六歲拜名武丑王長林為師，傳其衣缽，又從蕭長華習文丑，集蕭、王二老之絕技於其一身。後復經王連平為之編排新戲多出，以武丑行挑班掛頭牌演大軸，開梨園界之先河，絕後空前，莫之與京。盛章弱冠前即娶名武生尚和玉之女，夫妻恩愛，惜抗戰前其妻患肺癆病去世。民國 29 年初春，盛章挑梁成班，平津滬之內行多以「葉三爺」稱之，實則當時彼尚未滿三十歲也。

《徐良出世》葉盛章飾徐良。

　　李盛藻：北京人，民國元年生，乃昆生李壽峰之子，老生李鑫甫、花臉李壽山之胞侄。鑫甫有子菊笙，習武生，即老生李寶奎之父。盛藻之胞兄盛蔭亦習老生，行二。其胞叔壽山卒，乏嗣，即由盛藻繼承。壽山之妻乃丑角高士傑之女，即高慶奎之胞姊也。盛藻於民國 21 年之秋在喪中過繼後，事母至孝，深得高氏喜愛，故於民國 24 年孝滿，乃由高氏主婚，娶其內侄女為婦，即高慶奎之長女也。盛藻自滬歸來先組班，後結婚，連排新戲，聲勢大振，一般內行均尊稱之為「李三爺」。

　　貫盛習：民國 2 年生於北京，乃武旦貫紫林之季子，老生貫大元、丑角貫盛吉之胞弟，乳名三元。幼在家塾攻讀，已念完《論語》《孟子》。十歲時與仲兄同入富社大四科習老生，因其身量矮，扮相苦，臺風不如盛藻等，只可屈居配角，偶演正戲，如《嚇蠻書》《金馬門》《黃金臺》《選元戎》等齣，亦皆在開場一露。但一切大戲之硬配固非伊莫屬，如《一捧雪》之戚繼光、《三顧茅廬》之諸葛亮、《四進士》毛朋、《五彩興》之海瑞等，均賴其與盛藻合演而相得益彰。十八歲滿科，留社服務將近三年，後應聘赴滬，隨李盛藻演出於天蟾舞臺。返平後散搭各大班，雖仍應工二路，在家用功調嗓不輟。民國 26 年金少山自上海來北平成班，需高嗓鬚生為配，盛習膺選，與之合演《龍虎門》《鍘美案》《太行山》等一鳴驚人，無分高下。民國 27 年毛世來自滬歸來，初組和平社，盛習在倒第四演《打嚴嵩》，從此不再為人配戲。以後隨章遏雲赴上海任二牌老生，但因上海觀眾對他已有了先入為主的二路老生印象，所以在上海沒有能夠紅起來。民國 29 年之冬，李世芳嗓已復原，成立承芳社，初演於三慶園，貫盛習掛二牌，與袁世海、裘盛戎合演《失空斬》，一登龍門，場價十倍，自是內行亦皆呼之為「貫三爺」矣。

　　以上十位都是富連成出身而有相當成就的「三爺」。

望文生義排號九如

　　「三多九如」本來是我們中國傳統的祝福之詞，所謂三多便是多福、多奢、多男子；至於九如呢，見於《詩經・小雅・天保篇》：如山如阜，如岡如陵，如川之方至，如月之恆，如日之昇，如南山之壽，如松柏之茂。當然這都是善頌善禱的吉祥話，而恰巧富連成各科八九百個學生那些出類拔萃的學生排行，就是以行三的為多。尤其是富連成科班的學生，入科以後必須要取個藝名，這件大事就都落在蕭長華先生身上。蕭先生自己常謙說讀書不多，可是他卻有隨

意點綴之妙，好比張喜良、韓富信、韓盛信，就是從古人張良、韓信的名字上來的，蘇盛軾、蘇盛轍，則是從蘇東坡、子由弟兄倆的名字上來的。馬連良則是用「馬氏五常，白眉最良」的典故，信手拈來，都成妙諦。後來，那些學生們大了，又要求蕭先生為他們起個號，當作別字，蕭先生就用望文生義之法，下邊用個如字，先後為他們取了九個「如」字，合成了俗語所說的「三多九如」，豈不是太湊巧了嗎？

現在將這九個以「如」字為號的，從喜字科一直到元字科為止，詳列如後：

侯喜瑞：字靄如，取「瑞靄祥雲」之義。生於前清光緒十九年，原籍河北省衡水縣，居北平已兩世。其父名殿魁，世業商，生兩子，長即喜瑞，次名德瑞。喜瑞十一歲時，適喜連成科班甫經成立，由秦腔教師勾順亮介紹之入學習藝，名列第一科，初學梆子老生，繼改從韓樂卿習花臉。彼時該科班中花臉一行有趙喜魁、孫喜恒、鍾喜久等人，均已樹立基礎。喜瑞中途改行，後學新進，在各劇角色方面自難與之爭衡，殊不得志，只能扮演八大拿各戲之金大力，甚或《四傑村》中飾一邊配武旦。迨孫喜恒患病夭亡，蕭長華先生始命其接演八本《三國志》曹操及其他重要戲中之李逵、焦贊等角色。宣統三年滿科，仍留校服務，除演各本工戲外，並在元元旦（高喜玉）演《雙鈴記》時飾馬思遠，小翠花演《梅玉配》中扮楊醫生，均甚出名。旋奉師命教二、三科師弟武戲，如殷連瑞、趙連升、鍾連鳴、王連奎、沈富貴、茹富蘭等均從之受業。為求向外發展，三度離社外出搭班，終因不合理想，三度重返母校。至民國8年始正式脫離富社，民國9年即搭梅蘭芳、余叔岩、楊小樓各大班。

侯喜瑞晚年曾應程硯秋之邀，拍攝電影《荒山淚》中之副將，馬連良灌《失空斬》唱片，特請大師兄侯喜瑞演唱馬謖。

馬連昆：字佩如，光緒二十五年生。宣統二年經馬西園（連良之父）介紹入喜連成二科，習花臉銅錘架子及武二花等，靡不擅長。民國6年滿科，仍留校服務，並為小三科諸師弟說戲，如李富萬、陳富瑞、榮富華等均由其開蒙。至民國10年之冬，始隨同茹富蘭、茹富惠昆仲及韓富信、張富友等師兄弟十人集體退出富社，同時加入高慶奎之慶興社，在華樂園主演中軸武戲。以後連昆即散搭各大班。其為人耿直，喜與同業中人開小玩笑，但對一般大角及後臺管事者，向係公事公辦，決不阿附。某次應天津之約，在法租界馬家口春和戲院演戲。是日白天壓軸為王少樓之《定軍山》帶斬淵，大軸乃李萬春演《冀州城》，後臺管事派連昆在倒第二劇中飾夏侯淵，連昆演至黃忠施拖刀計時，即

用刀一蓋，從上場門退下，黃忠亦莫名其妙，含混下場，場面甫起尾聲，孰知馬連昆飾演的夏侯淵率四龍套又上，站在臺口念：「黃忠老兒殺法厲害，若非本帥馬走如飛，險遭不測。眾將官，殺奔冀州城去者！」始率眾同下。臺下觀眾初尚不解，既而始悟這兩齣戲被後臺派戲的派顛倒了，因《冀州城》之末場馬超與夏侯淵尚用一套大刀槍之開打，此時若被黃忠斬首，則下一齣戲焉能死而復生？一經點明，觀眾不覺哄堂大笑。民國 26 年春，金少山初回北平組班，老生用貫盛習，花臉用馬連昆，蓋均取其腹筒寬宏，嗓音豁亮也。是年三月七日，金少山在東城吉祥戲院點出冷戲《白良關》，在大黑小黑對陣一場，連昆所唱「我問老將名和姓」響堂拔高，聲震屋瓦，登時臺下起了個炸了窩的滿堂好兒，金亦不甘示弱，下一句照樣也找回來了。可是一般聽眾總覺得若是沒有前邊的好，就引不起後邊的好來。以此類推，他在必要時就露一手兒，使人過癮，決不欺場。馬連昆與馬連良同姓不同宗，但兩人為嫡親連襟，分娶王家姊妹為婦，生二子，長名幼昆，唱老生；次名少昆，唱花臉。連昆平生有三齣拿手絕活，即《甘露寺》孫權，《法門寺》劉彪，《四進士》姚延椿，獨步一時，無人能及；各班遇有演此時，每多邀其臨時充任。不過連昆中年以後性情古怪，心緒不佳，有些經勵科人士因嫉生恨，不予邀約，使之困居家中，無班可搭，牢騷抑悶，久而成疾，至民國 33 年 10 月 16 日在北平病故，亡年才四十六歲。

仲喜久飾張飛的劇照。

張喜海在科裡排戲的劇裝照。

馬連良：字溫如，曾經有人問過蕭長華先生，說馬連良號溫如，這是個什麼典故啊？蕭先生微微一笑，就說：「夫子溫良恭儉讓，所以我代他取了溫如的號，您說好不好？」合座歎服。

在梨園行中，行三的真不少，老生行中，在馬連良之前有余叔岩，便是有名的余三爺，同輩的有言菊朋言三爺，花臉行的金少山，更是有名的金三爺。說起「三爺」兩字，還有個笑話，馬連良後來續娶的夫人陳慧璉女士，也是梨園行中有名的馬三奶奶，她對別人都叫名字，只有對丈夫永遠尊稱三爺。

《盤關》馬連良飾田單、王長林飾關卒。

再說馬連昆搭扶風社是怎麼鬧得不歡而散的？起因在一齣《九更天》，馬連良的馬義，馬連昆的聞太師，在馬義滾釘板以後，馬連昆唱一句「小馬義受大刑他的神色不變」，那時打鼓的是喬玉泉喬三，不用說馬連良尊敬他，整個扶風社都得聽他的。聽馬連昆唱完了，就下了一鍵子，跟著起大鑼，哪知道馬連昆又來了一句「吶啊！」表示他這上一句還沒有唱完，馬連良至此忍無可忍，說他這是存心攪和，不但跟喬三爺過不去，也破壞了我們扶風社的紀律，於是不管什麼連襟之誼，也只能請馬連昆辭班了！

馬富祿：號壽如，也是蕭長華題的，這麼一來，他可稱福（富）祿壽全（如）啦！馬富祿生平佔便宜的便是嗓子響堂，生平所搭的班子，以馬連良、小翠花兩個班子最久。最早還搭過高慶奎的班子，因為高慶奎唱《連環套》反串黃天

霸，要馬富祿在劇中反串武丑朱光祖，那時，馬富祿年輕膽大，仗著在科班裏有武底了，便把這齣戲唱下來了，哪知又得罪了一位老前輩，原來高慶奎班子裏還現成有一位武丑傅小山，你馬富祿是科班出身，不懂戲班規矩，每一個角色都有所謂應行，你搶戲唱，這就犯了戲班的「王法」，於是乎第二天就由馬富祿擺酒，正式向傅小山磕頭拜師，從此馬富祿再演武丑戲就不算犯法，因為他唱開口跳戲已經有了師傅了。

《青石山》張連庭飾周倉、蘇富恩飾關平。

陳富芳：字錫如，生於前清光緒二十九年，原籍為蘇州，世居北京已逾五代，其祖父陳嘯雲乃梅巧玲之弟子，同光兩朝之崑亂名旦。富芳於民國元年十歲時入富社大三科習二路武生，民國 8 年滿科，不甚得意，只充邊配，留社服務，繼續深造。民國 10 年底，茹富蘭偕同大三科武生武淨十人集體搭入高慶奎班，致富社大三科武戲頓感缺乏人才，除拔擢劉連榮、張連廷以抵代韓富信、張富友外，富芳亦適時脫穎而出，所有錢富川、諸連順、陳富康等原扮各角，概均由其一人擇要擔任，因其平素已然熟諳於胸，演來自然勝任愉快。續又留社十年，至民國 20 年，始隨同武旦范富喜同時搭入楊小樓班，後又一度入李萬春及小翠花等班。抗戰軍興，富芳心懷忠義，不願受日本人統治，乃走大後方，以演戲教戲為生。勝利後亦未北返。

孫盛輔：字松如，生於前清宣統元年，原籍京北清河鎮，家世業農，民國五六年間由其父母將之送交北京正陽門西河沿後街後河沿居住之醫生孫蘭坡家過繼為孫，民國 8 年經孫蘭坡介紹入富社大四科。初從蕭長華學老生戲，已

學成《金馬門》《捉放曹》《舉鼎觀畫》等約二三十齣。繼而又從雷喜福、王喜秀兩人習就《盜宗卷》《狀元譜》《定軍山》《珠簾寨》《戰太平》《取成都》諸戲。民國9年之夏,年方十二即行登臺。彼時馬連良、譚富英均未離社,盛輔恒演於開場第三,但已有人為之日常捧場,至民國12年之春,盛輔始一躍而主演壓軸戲,歷時三年,聲望不衰。民國15年滿科,又留社效力數月。抗戰時期,輾轉入內地,在成都、重慶間尚不時出演,勝利後並未北返。

《遊龍戲鳳》李盛藻飾乾隆皇帝、童芷苓飾李鳳姐。

李盛藻:字翰如,他是盛字科的當家老生,又是高慶奎的女婿,第一次到上海是富連成出科弟子組班,搭天蟾舞臺。第二次到上海是和童芷苓同搭黃金大戲院,都沒有能夠走紅,原因在於他的扮相太苦,始終未能脫穎而出,雖然比二路老生強,但要掛頭牌又不夠,好比要派一齣全部的《龍鳳呈祥》吧,他連喬玄都排不上,只能來個《回荊州》的魯肅,要說戲學得真不少,不過學而不能用,看來也只能以教戲終其身了!

《借東風》哈元章飾諸葛亮。

葉盛蘭：字芝如，乃盛章之胞弟，葉春善之季子也，生於民國3年甲寅，故其乳名老虎。十歲時，由北京師範附小四年級退學入富社大四科，初從金喜棠習花旦，已能演《玉玲瓏》之梁紅玉、《梅玉配》之秀蘭等戲，嬌小玲瓏，嫵媚可人。民國14年臘月，小三科旦角杜富興、小生杜富隆滿科離社，當時小生一行人才頗感不足，尤缺翎子、袍帶兩工，由蕭長華建議，使之改習小生，經過三年訓練，藝乃大成，後正式拜程繼先為師，用功益勤，並向其姊丈茹富蘭請益討教，所得更見淵博。十九歲滿科，除在富社日常上演外，並搭扶風社甚久，馬連良倚之如左右手。其技藝之超凡入化，為程繼先以後一人而已。

哈元章：字文如，北平人，父名寶泉，叔名寶山，此昆仲二人與馬連良為嫡親姑表兄弟。哈寶山乃民國20年以後搭馬連良之扶風社、譚富英之同慶社兩班最久之二路老生。元章生於民國13年，十二歲入富社大六科，從蕭長華習基本老生戲，初次登臺係與遲世恭、李世芳合演《四郎探母》中演六郎，飾楊宗保者乃尚小雲之長子尚元蓀（即尚長春）；當時尚小雲是富連成的支持者

之一。此後即從張連福學唱工老生戲，從雷喜福學做工老生戲，又從王連平學連臺本戲，成為富社最後時期臺柱達七年之久。二十歲滿科，又在科服務年餘，終以華樂失火，富社衣箱被焚，乃隨同科班遠征東北，南赴滬濱，旋抵津沽，返平解散。

《霸王別姬》蘇連漢飾霸王、吳素秋飾虞姬。

第十四章　劉連榮與駱連翔

劉連榮出痘改淨角

　　在民國 8 年至民國 18 年之間，富連成二科有一個學生，他能在默默無聞中，刻苦用功，超群崛起，不但搭入梅蘭芳的承華社、馬連良的扶風社兩大班，而且還隨同梅蘭芳劇團遠赴香港和美國，這就是架子花臉劉連榮。

《登臺笑客》韓富信、駱連翔。

　　劉連榮籍貫北京，光緒二十五年生，未入科之前，曾入外江班學戲，民國2 年始加入富連成社第二科，從秦腔教師習梆子老生，已學就《韓琪殺廟》《廣太莊》諸戲，復從武戲教授姚增祿學武生，加入大三科演唱如《英雄義》之盧俊義、《蔡家莊》之武松等，備受觀眾歡迎，其後又經葉春善社長提議，命之學《賈家樓》之唐璧，演出時在起打一場，與魯明星（沈富貴飾）、魯明月（茹富蘭飾）以大刀雙槍互相傳遞出手，名為打「仨人忙」，尺寸準確，百無一失。

　　在這一時期中，劉連榮忽感染水花症，雖經延醫治癒，甚為難看。葉社長乃命之改演武淨，時在冬季，每日晨起，劉連榮身穿大棉袍，足蹬厚底靴，背紮靠旗，在院中獨練大刀花兩三小時，並練習《鐵籠山》之姜維起霸，及「單刀槍」、「雙刀槍」、「大刀雙刀」等四套打法，每日如此，從不間斷，功力漸增。初時尚在小軸子——第三齣武戲中演《收關勝》等劇，嗣後則大三科中軸各武戲無役不與矣。

　　劉連榮從參加大三科武戲以來，雖是扮演武二花，其在劇中所飾角色，論地位僅次於韓富信，而在武旦邱富棠所演之各種妖戲中，其中二郎神一角，永遠由劉連榮擔任，因其大刀片功力深厚，無所不及，遂為其一人獨擅，其所以漸入坦途，除了刻苦用功，遇事忍耐之外，與人無忤，與世無爭，以致人緣既好，機會又多，自民國 10 年起，受人提拔，一帆風順，成為名淨，他成名的機會，共分為三個階段，茲分述如下：

　　第一階段是民國 10 年冬，韓富信隨同茹富蘭等十餘人同時集體脫離了富連成，加入高慶奎班中，致大三科武戲配角，大感缺乏，連榮此時臨危受命，抵代韓富信原來所演角色，有的本係素習，有的臨時「鑽鍋」，演來頭頭是道，較之富信一點都不差，同時武二花張連延、二路武生陳富芳、武丑張連寶諸人，也均紛起抵代當年張富有、錢富川、張富湘各人所演角色，使富社中軸武戲由衰而盛，成了富連成科班的中興功臣。

　　第二階段是在民國 13 年、14 年兩年間，這時小二科花臉陳富瑞與富華都先後出科離社，武戲教師王連平即倡議起用劉連榮，分別抵代，於是「八大拿」中各反派首領均非連榮莫屬，此外尚有《連環陣》之魏錡，《潯陽樓》與《沂州府》之李逵，《奪錦標》之樂延玉，八本《三俠五義》之盧芳，並從蕭長華學全部《得意緣》之狄龍康，《長阪坡》之張飛，《臨江會》之關公，《群英會》之黃蓋，《橫槊賦詩》之曹操，《寶太歲》之李七，演來均精彩非凡，無一不佳，每一出場，臺下采聲不絕，演至佳妙處，尤為轟動，從此劉連榮在廣和樓中遂

成天之驕子。

《打魚殺家》趙連升飾教師爺、沈富貴之蕭恩。

　　第三個階段是：民國 18 年之夏，梅蘭芳將有率團赴美之議，當時深感花
臉人才難選，因侯（喜瑞）郝（壽臣）工作既忙，價錢又昂，等而下之，則不
可勝任，正為難關，經蕭長華推介劉連榮擔任，可稱文武崑亂不擋，物美價廉，
所以後來在美國能與朱桂芳在前場演《青石山》之關平，亦能在大軸與梅合演
《刺虎》之李過，因之一談即成，當即簽訂合約，不過放洋尚無確期，適馬連
良有秋間赴上海之邀，乃先約劉連榮隨其蒞滬，劉連榮的長處在既擅架子花
臉，亦能應付唱功戲，例如馬的拿手好戲《借東風》，劉連榮既能演黃蓋，又
能演曹操；馬演《甘露寺》，劉能應孫叔，更能演張飛，配演馬派本戲，更不
在話下。演唱兩月，歸來即隨梅劇團於是年 12 月 28 日赴美，至翌年 8 月 5 日
始回北平，自此劉連榮即成為梅之承華社、馬之扶風社兩大班基本演員，遂漸
步入名淨之林，不讓侯（喜瑞）郝（壽臣）專美於前矣。

　　劉連榮籍貫北京，光緒二十五年生，未入科之前，曾入外江班學戲，民國
2 年始加入富連成社第二科，從秦腔教師習梆子老生，已學就《韓琪殺廟》《廣
太莊》諸戲，復從武戲教授姚增祿學武生，加入大三科演唱如《英雄義》之盧

俊義、《蔡家莊》之武松等，備受觀眾歡迎，其後又經葉春善社長提議，命之學《賈家樓》之唐璧，演出時在起打一場，與魯明星（沈富貴飾）、魯明月（茹富蘭飾）以大刀雙槍互相傳遞出手，名為打「仨人忙」，尺寸準確，百無一失。

梅蘭芳演出《刺虎》劉連榮飾演李過。

富社排全部《鐵冠圖》

民國8年，富社大三科所排的獨有本戲，有一齣八本《鐵冠圖》，由戰岱州對刀步戰起，下接李闖王城前拜懇，別母亂箭一門忠烈，鐵冠道人開庫觀圖，王承恩守門殺監，大戰棋盤街，崇禎帝煤山殉國，費宮人刺虎，至吳三桂請清兵為止。這戲各大班雖有單折演出，卻無賡續不斷連臺上演者，不過彼時麒麟童在上海所編的《明末遺恨》尚未排出，因之富社這齣仍按老本，大部分都是崑曲，那時崑高二腔已趨沒落，初次排出尚有人為好奇心所驅使，猶能上幾次滿座，嗣後便由盛而衰，不大受人歡迎。只餘末本《請清兵》因有讀旨發兵，大跑竹馬，起打亦火熾熱鬧，尚可叫座，每月可演一兩次，其餘諸齣不常見了。

《鐵冠圖》這戲當初原排本主的角色，是殷連瑞之周遇吉，蕭連芳之李洪基，王連奎之李自成，張富有之一隻虎李過，閻喜林之周母，姜連彩之周妻，沈富貴之李國楨，張富良之明思宗，吳富琴之費貞娥，至末本《請清兵》中，則以蘇富恩飾吳三桂，王連奎飾祖大壽，張富相之通譯官，高富權、傅富銘之

二韃子，翟富魁之攝政王多爾袞，殷連瑞之豫親王多鐸，高連甲之肅親王豪格，郝富桐之李自成，駱連翔、劉連榮等分扮反將，跑竹馬時飾八旗兵將者尚有久未登臺之劉喜益、郝喜倫等人參加。富連成社在民國8年二科與大三科所排的新戲，文戲尚有《五彩興》《取南郡》《庚娘傳》《胭脂判》等劇，武戲亦有《戰濮陽》《詐歷城》《竹林計》《盧州城》《南界關》諸齣。

小三科學生露頭角

在大三科諸生尚未習滿畢業前，陸續收入之小三科學生已然不少，他們彼此年歲之差距，大約少者五六歲，多則近十歲，此中內行子弟亦復不少，如老生譚富英為譚鑫培之孫，譚小培之子。劉富溪為琴師劉順寶（為劉鴻昇操琴多年）之子。武生程富雲為名紅生程永龍之子。花旦尚富霞乃尚小雲之弟。武旦范富喜乃秦腔小生范文英之子，名淨范福泰之侄，范寶亭之堂弟。花臉陳富瑞乃崑曲名宿陳壽峰之孫，老生陳嘉梁之子，陳富濤之胞弟。武二花蘇富旭乃蘇雨卿之子，蘇富恩之弟。又宋富廷乃富社教師宋起山之子。武丑奎富光乃演八角鼓蓮花落名家奎星垣之子。高富山乃名武淨高德祿之孫，名丑高富遠之弟。此外尚有老生張富藻、小生杜富隆、青衣杜富興、武生樊富順、花臉李富萬、榮富華、武二花孫富德、王富祥、張富盛、楊富業、武丑張富農、文丑高富權（即七歲丑）、傅富銘（即笑而觀），雖入科較早，但身量不高，故亦併入小三科中，這一輩人除譚富英、程富雲兩人一登臺即演正戲外，其餘藏龍臥虎，英俊迭出。教師方面除蕭長華、蘇雨卿、蔡榮貴三人仍舊總其大成，另聘喬蕙蘭教崑旦，江順仙教小生，葉福海教淨角，郭春山教丑角，還有喜連成頭二兩科畢業生六七人亦於此時升任教師，如雷喜福、劉喜益、王喜秀、邱喜棠、王連平、蕭連芳等人，尤其小三科的武戲，永在開場戲後「小軸子」上演，達五六年之久，其中「鬧妖」和「短打」兩種戲，十之八九均為劉喜益一人所教排，只有「八大拿」與三國靠把戲為王連平所授。文戲部分大都平均發展，崑腔戲在這一科內更見茂盛，如譚富英的長生殿「彈詞」、杜氏弟兄——富興、富隆之《遊園驚夢》，陳富瑞的《山門》《嫁妹》《功宴》《火判》，俱是此一時期的叫座好戲。

這一時期中，好戲固然層見迭出，可是在科中發生意外的事件也不少。

吳富琴之《聶隱娘》。

駱連翔信讒毆師長

　　駱連翔字建武，光緒二十七年生，原籍廣東花縣，乃清代中興名將駱秉章之後，後在北京落戶，世居北方已三代矣。其母段氏，與葉社長之夫人為堂姊妹，光緒三十四年連翔甫八歲，由其母送之入喜連成習藝，初從宋起山、賈順成兩先生鍛鍊武功，舉凡各種大小跟斗，無不精湛，能面對臺口連翻小虎跳二十餘個，旋轉不已，勢如車輪，最難得者為不移寸地，乃舞臺上所僅見。並從武戲教師楊萬清學摔打花臉，如《白水灘》之徐世英，《百草山》之金眼豹，《金錢豹》之孫悟空，《水簾洞》之王八精，均能摔打靈活，翻騰勇猛，為任何武戲中不能缺少之人才。民國 4 年滿科，仍留社服務。

　　民國 6 年秋，某日派定大軸《四傑村》，主角余千例由趙連升扮演，距他於是年舊曆八月初六日滿科尚未逾半月，即接受捧角家邀請遊宴，樂而忘返，是日壓軸戲已登場，趙尚未入後臺，管事人不得已，乃稟知社長，葉老闆當機立斷，即命連翔抵代演此余千，並令侯喜瑞為之臨時加工教習，說一場，演一場，居然頭頭是道，臺下觀之勝任愉快，決不知其為新學乍練者，此為連翔演短打武生之始。葉社長見駱扮相英俊，手腳乾淨，乃命侯喜瑞繼續為之排《界牌關》之羅通，《東皇莊》之康小八及《英雄義》之史文恭諸劇，翌年名武戲教授丁俊（藝名連升，乃丁永利之父）入社執教，又授以《花蝴蝶》之姜永志，《趙家樓》之華雲龍，《茂州廟》之謝虎等戲。

　　連翔為人耿直，胸無城府，民國 10 年已二十一歲，是年冬，葉社長與蕭長華先生在後臺閒談，提及現在之科班生徒人大心大，不易管教，令人氣悶難言，蕭當即勸慰之云：「這不過是一群畜類，聽說聽道固然很好，有那不聽話的，鞭扑立下，何必走心經，動真氣呢。」這幾句勸慰的話，說得聲音雖小，不料被小三科捧打花臉張富盛從旁經過，聽了個清楚明白，散戲後回到學堂（即虎坊橋富社總寓），即將此話原原本本都暗告駱連翔，並加重語氣謂：「他（指蕭先生）說我們是一群畜類。」駱受此挑撥，在廣和樓後臺通往前臺之夾道內等候，俟蕭先生由後臺走出，四顧無人，不容分說，即上前施以毆打，洩憤後自行逃亡。蕭猝不及防，在莫名其妙中遭此毆辱，步行回至虎坊橋總寓內，立即昏厥，幸有其胞侄蕭連芳在側，急予延醫救治，葉社長當晚聞悉此事，一面親往安慰蕭先生，一面派人四處尋覓連翔，但終不可得。過數日，連翔愧悔交集，返社認罪，自承受人煽惑，願受重懲，社長原擬將其重責後斥革，賴蕭先生古道熱腸，宅心仁厚，既為富社珍此有用人才，又念其少年氣盛，受人愚弄，不忍其自毀前途，反代為說情，卒獲許其留社效力，戴罪圖功之處分，而連翔自經此挫折，一改其從前性格，變成溫和良善，平易近人，旋由葉社長為之作伐，娶劉春喜之女為原配，不久斷弦，繼娶武戲教師張增明之女為繼室，生一子名少翔，習老生後改武二花。

　　連翔自二十五歲以後勤奮自勵，刻苦用功，與前判若兩人，除向王連平請益，學得《十字坡》《快活林》《獅子樓》等戲外，又從程永龍學得《九江口》之張定邊，復從婁延玉學《四平山》之李元霸，從范寶亭學《通天犀》之徐世英，並從王連平學得靠把戲多出，如《戰滁州》之脫脫，《戰岱州》之周遇吉，《雁翎甲》之呼延灼，《洞庭湖》之楊么，《登臺笑客》之齊頃公，名乃益彰。民國 18 年，楊小樓在北平第一舞臺貼出《金錢豹》，劇中孫悟空一角原由遲月亭扮演，但遲已年逾五旬，不能再作劇烈翻跌，永勝社後臺管事籌思至再，無人代替，乃往富社面向葉社長約借駱連翔幫忙代演，葉因與楊小樓為同一科班之師兄弟，當即應允，此後楊小樓每演《金錢豹》《鬧昆陽》諸戲均由駱助演，以代遲月亭。諺云：人孰無過，過而能改，善莫大焉。這幾句話可以為駱連翔寫照，是非常適合的。

1906 年北京豐泰照相館劉仲倫拍攝無聲電影《金錢豹》，
俞振庭飾金錢豹，駱連翔曾參與助演。

第十五章 造聲勢破例發傳單

蔡榮貴舞弊被辭歇

　　富社教師蔡榮貴，字鈺亭，小係小榮椿科班出身，與葉春善為頭二科之師兄弟，出科後久走外埠，至光緒二十四年始自天津返回北京，初入廣德樓，以紅生及武生演唱大軸，光緒三十年入喜連成執教，助蕭長華排演各老生戲，如《三國志》《取南郡》《雍涼關》《甘露寺》之類，喬國老所唱之「勸千歲殺字休出口」一段唱詞，得馬連良之唱而流傳大江南北，即為蔡所創造，他既是喜連成科班的開國元勳，又是富連成科班教師中的「五虎上將」，葉春善社長對於他不但禮遇有加，而且非常信任。戲班中對外交際應酬的事，本屬經勵科的職責，不過有些前臺常到後臺的顧客，與管事及教師廝熟的，遇有大小堂會，便直接與教師接洽，如蔡榮貴即其中之一。這種超出範圍的事，蔡在十餘年來經手已不計其數了，葉社長亦覺其為社中拉生意，不加攔阻，且派出科弟子金喜棠為之幫忙跑腿，其實蔡在每次堂會價款中，必是多收少報，於中取利，這些事向來沒人知道。

　　有一次，蔡又應了一本同興堂的堂會，因為這家飯莊在取燈胡同，離肉市廣和樓太近，只隔一條前門大街，白天分包，夜晚全包，非常方便，趕場扮戲亦很容易，所以價錢格外便宜。在那年頭，只要現大洋二百五十元即可，這是人人皆知經勵科的公定價格，遇有熟人直接與蔡先生商洽，尚不需此數。那一次蔡與介紹人以兩百二十元說妥，演完了以一百八十元報帳，事為金喜棠所悉，蔡先生另外給他十塊錢，想買他的不言語，誰知金喜棠竟將此十塊

錢呈交葉社長，並將一切經過情形和盤托出，葉社長接受此一報告後，次日即與蕭長華、蘇雨卿兩位商量得一個秘密處理辦法，先將蔡榮貴藉故辭歇，繼將金喜棠提升為文管事，接替蔡先生經手各事。蔡榮貴對此次無故被辭，又聞金喜棠升任管事，心中已明究竟，從此懷恨在心，處處與富社為敵，反而結成冤仇了。

至民國 16 年之冬，馬連良組春福社時，蔡榮貴任抱本子管事，即是專門負責劇本及為配角說戲等任務。嗣後為馬連良排演本戲甚多，如《鴻門宴》《范仲禹》《清風亭》《許田射鹿》《要離刺慶忌》，都是蔡榮貴為了報復與富社對抗，表示我蔡某人有的是本子，就是不給你們富連成排演。至民國 22 年之冬，又約李盛藻、陳盛蓀、楊盛春、劉盛連等三十餘人赴上海，應聘天蟾舞臺，使富社幾乎瀕於覆亡，而金喜棠後來亦因剋扣堂會價款多收少報被辭退，與蔡之脫離富社，如出一轍，其失業之慘，更為潦倒。民國 22 年在上海天蟾舞臺充任底包，改工二路小生，其後遂不知所終。

茹富蘭集體離母校

茹富蘭，乃名武生茹萊卿之孫，茹錫久之子，民國 2 年入富社大三科習藝，初從江順仙（世玉之父）、蕭長華學小生，以《三國志》周瑜最出名，倒嗓後改習武生，乃武戲教師侯喜瑞之愛徒，侯教其學《伐子都》之子都。當茹富蘭學戲時，例必將大三科當家武生沈富貴鎖於他室，不令得見，恐妨沈偷戲。至演出時，則使沈富貴扮俊馬童，可見得當時藝人之藏私，唯恐教會徒弟，餓死老師，此種陋習，實在是不足為訓的。

茹富蘭坐科七年，於民國 10 年 1 月 16 日出科，旋即為葉社長招為門婿，以長女妻之，仍在社服務，至民國 10 年之冬，始為其個人前途計，脫離母校，向外發展。當其有此動機之前，先與其岳父葉春善通盤協議，因在外搭班上演武戲，必須有適宜之配角，合手之下把，方能精彩，而收事半功倍之效。葉社長基於愛婿之誠懇請求，許其在科班中遴選適當人才，准其同出搭班，富蘭得此特許，乃約定花臉馬連昆、武二花韓富信、張富友、郝富桐、陳富康、趙富春，二路武生錢富川，武丑張富湘及其胞弟文丑茹富蕙，連同富蘭本人，共計十人，集體離社，當蒙葉社長慨允，富蘭遂於民國 10 年 12 月 29 日搭入華樂園高慶奎之慶興社，首日演《戰濮陽》，所有配角均用師兄弟，唯陳宮一角用

張鳴才而已。但廣和樓中缺此數人，致中軸武戲聲勢大為減弱，上座日衰，使各武戲教師不能不急起直追，選人代替，於是劉連榮、張連廷及大、小三科之武生武淨等始得脫穎而出，不及半年，遂完全恢復舊觀，亦可云富連成當年不幸中之大幸也。

《夜奔》茹富蘭飾林沖。

陳富瑞為梨園世家

　　陳富瑞原屬梨園世家，祖父是崑曲名宿陳壽峰，曾受前清恭親王奕訢的賞識。咸豐中葉，恭王府成立全福科班，邀陳壽峰任總教習，楊四立、呂月樵都出身於此。壽峰有子三人，長名嘉梁，就是富瑞之父，也在全福班坐科，原習武生，後改操琴，凡是文場樂器，無所不精，晚年曾為梅蘭芳吹笛。二弟一名嘉璘，工做派老生；一名嘉祥，工小生兼擅丑角，這兩人都是久駐上海。民國13年自春至夏，麒麟童在北京第一舞臺排連臺《狸貓換太子》時，以陳嘉祥飾范宗華，肥碩滑稽，最為有趣。偶與周信芳、王靈珠合演《臨江驛》的崔通，也極勝任。富瑞昆仲三人，兄富濤，工老生，弟盛泰，習小生，都卒業於富連成。

陳富瑞小照。　　　　　　　　　　　《蘆花蕩》陳富瑞飾張飛。

　　陳富瑞生於光緒丙午，民國 6 年十二歲，入富連成習藝，編入小三科，與譚富英、程富雲（程永龍之子）、范富喜等是同期師兄弟。開蒙從葉福海（富社社長葉春善之兄，三慶班坐科，工崑淨，與陳德霖、陸杏林、張淇林為師兄弟）習《蘆花蕩》《功臣宴》《山門》《嫁妹》等戲，因為他是從崑曲入門，口勁工架，自幼就已樹立堅實的基礎。繼從老伶工丁連升（名俊，丁永利之父）習《丁甲山》的李逵，時在民國 8 年。可惜這位丁老教師不久就因年高多病而退休，民國 10 年逝世。以致富瑞得其薪傳者，僅此一齣而已。

王連平專任教武戲

　　當時小三科的武戲，概由劉喜益負責教授，除《博望坡》的張飛，《青風寨》的李逵兩角，由富瑞飾演外，餘者武二花戲都以李富萬、宋富亭充扮，因為這兩人的體格較富瑞魁偉。適蕭長華先生為譚富英排全本《寄冤報》，為孫盛輔排《三顧茅廬》，乃以富瑞飾《跳判》的鍾馗及《三顧茅廬》的張飛兩角。後來王連平專任教大四科武戲，見富瑞身材與該科諸生相若，乃得從王學《霸王莊》的黃隆基，《東昌府》的郝文僧，《殷家堡》的殷洪，《落馬湖》的李佩，

《淮安府》的蔡天化諸八大拿戲，以及《黃一刀》的姚剛、《惡虎村》的武天虬、《五人義》的顏佩韋、《溪皇莊》的花得雷、《連環套》的竇爾墩、《演火棍》的焦贊，《洗浮山》的于六。靠把戲則有《伐子都》的穎考叔、《狀元印》的赤福壽、《戰宛城》的典韋，《戰渭南》的徐晃、《長阪坡》的張飛、《大名府》的索超等角，復從蕭長華學《法門寺》的劉瑾、《穆柯寨》的焦贊、《取洛陽》的馬武、《將相和》的廉頗諸戲。

王連平給學員教授《乾元山》。

等到將近出科時，更從梁喜芳學《神亭嶺》的太史慈，從王連平學《葭萌關》的張飛，從程永龍習《九江口》的張定邊，能戲不下百餘齣。

王連平字嶧清，生於前清光緒辛丑年，原籍是山西太原，本是書香子弟，後因家道中落，他的祖父挈眷入都，為小京官，俸給所得，尚不足養家糊口，乃送其子入梨園界，習學管箱為業，後與宋起山、蘇雨卿、葉春善、徐春明、唐宗成諸人義結金蘭，喜連成科班成立，仍任箱管。其子乳名連仲，宣統元年時九歲，入喜連成習藝，編入第二科，改名王連平。初從羅燕臣練武功，嗣從武戲教師楊萬清習武戲。葉社長見他資質聰敏，才堪深造，乃聘請名教師茹萊

卿教他崑亂各武戲。首以《乾元山》開蒙，繼學《淮安府》《蜈蚣嶺》等，都
獲茹氏親傳。倘當時一帆風順，則連平當可在梨園界占一席地，不難成名。可
惜的是他民國元年以後忽罹目疾，非但不能練功，而且難以登臺演戲，醫治年
餘，才告痊癒。葉社長因為他伶仃孤苦，目疾乍痊，宜於休養，便不叫他擔任
重頭戲，只充配角裏子。

可是連平志氣堅強，好學不倦，對各名師傳授武戲時，潛心默記，無論崑
亂大小武戲的主配角，都能了然於胸，所以能戲很多，為諸生之冠。自大三科
時，葉社長就命他為武戲助教，指導後進各同學。民國 8 年以後，一般武戲老
師相繼作古，遂命他教授小三科及大四科學生武戲，自此而後，富連成的武戲，
遂大半傳自王連平了。

為人和易嗜讀史書

連平雖也是科班出身，但為人和易，最喜文墨，嗜讀史書，於古今說部，
前朝軼事，無不考求精詳。所以他所排各戲，都有根據可考。尤喜結交外界朋
友，互相切磋，研討掌故。他在富社執教二十多年中，日常必有莫逆至友，遇
事商酌，用資輔弼。最初就是我國航運專家王洸。王洸，字道之，民國 13 年
考入交大，不再來廣和樓觀劇，就由捧李盛斌的曹仲岩承其乏。後來仲岩也他
往，筆者曾幫他改編創排各戲，歷時十多年。民國 29 年冬筆者離開北平，值
中華戲劇學校報散，乃由翁偶虹代為策劃，富社六、七兩科所演的《混元盒》
及《乾坤鬥法》兩彩頭戲，其中臉譜扮相以及唱詞科白，無不精細推敲，直至
國 33 年富社報散，方才終止。

八本《七俠五義》，是當年小榮椿科班的獨有本戲，喜連成二、三兩科都
有此戲，乃姚增祿所授。小三科全盛時代，姚已去世，前科畢業生也有部分離
去。此劇因為人手不齊，已多年輟演。民國 12 年秋，王連平檢出此劇總講本
子，就商於王道之先生，擬為大四科學生重排此戲，兩人並研討各生擔任劇中
角色，以陳富瑞演盧芳，韓盛秀的韓彰，李盛佐的徐慶，葉盛章的蔣平，李盛
斌的白玉堂，趙盛璧的展昭，蘇盛貴的丁兆蘭，譚盛英的丁兆蕙，許盛玉的丁
月華，孫盛文的包公，李盛蔭的周老，孫盛武的鄭新，韓盛信三、四本史丹，
八本柳青，曹盛愛、劉盛仁、李盛才、穆盛樓，分飾王朝、馬漢、張龍、趙虎，
何盛清飾陳琳，王盛如飾郭安，孫盛武飾王成。決定後就將該本加以整理，汰
蕪存菁，並將不通的詞句，訛舛的字義，一一改正。連平開始授排，費時四個

月，才告完成。預定民國 12 年舊曆十二月十二日起上演，日演一本，到封箱前一日演完。

富連成排演的武戲《普球山》劇照。右起孫盛雲、朱世富、裘盛戎、葉盛章、高盛麟、葉盛蘭、仲盛珍、李盛藻。

印發傳單事屬創舉

　　富社當年有個傳統規矩，就是每天所演戲目，既不在報紙刊登廣告，也不在通衢張貼海報，只是在劇場門首掛一水牌，寫明次日劇目。王連平積一年之功排成這一本戲，萬一座客不很踴躍，豈非功虧一簣。又與劇場協商，決定印發傳單，以供預告宣傳之用。遂由道之執筆主稿，上端標明「肉市廣和樓」「富連成社准演」字樣，中有八本《七俠五義》大字標題與扮演人的姓名，下面橫列劇情節目，如《包龍圖舉薦展雄飛》《耀武樓南俠封御貓》，一直演到《陷空島義責錦毛鼠》《獨龍橋水閘葬英雄》為止，都是八個字一句，長達六十餘言。用對開有光紙石印紅字，頗為醒目。可是這個辦法實有違富社傳統規章，王連平自不敢先向葉社長請准施行，恐怕一經說明，必遭駁斥。王連平毅然自行出資籌印，在上演前一天，雇人站在街頭巷口張貼散發，果收宏效，演出八天，場場爆滿。事後葉社長雖聞人言該劇有散佈宣傳單之為，曾向王連平責問，連平則說這是顧客自己印行，既未耗用社方分文，而坐收其利，我們何樂而不為呢。葉社長終以事成過去，有益無損，唯囑其下次不可而已。在《七俠五義》演出之間，「王道之義助王連平」的新聞便在廣和樓中不脛而走，今日思之，也是五十年前一新聞了。

《嫁妹》殷元和飾鍾馗。

富連成學員小憩時的合影。

第十六章　因材施教班規嚴肅

大三科老生未成材

富連成的第三科學生，即以「富」字排行者，人數在一百一十人以上，其中又分為大三科與小三科，是以年齡與入科先後作為分別，例如譚富英與陳富瑞，就都是小三科的學生。

大三科老生有五人，其名為方富元、張富良、陸富安、李富闊、陳富濤，現在提起這五個名字，連知道的人都不多了。方富元是武旦方連元的胞弟，入科之始，從蔡榮貴學《江東橋》，此戲一名《擋諒》，乃是演康茂才與劉伯溫打賭在江東橋阻擋陳友諒的故事，情節頗似《華容道》，唯上場時係悶簾倒板，長錘唱上，與關公擋曹之急急出場不同。這是當年童伶的開蒙戲，亦為紅生之基本戲，現在早成絕響了。後來方富元倒倉改從唐宗成學場面，張富良更從此一蹶不振，默默無聞，可見演員成名亦逃不了「一命二運三風水」的過程。陸富安、李富闊都是唱二路老生的，陳富濤是陳壽峰的長子陳嘉梁的兒子，葉春善因為他們陳家是崑曲世家，所以特別請葉福海老師教他崑曲戲，出科以後，不自檢點，竟走上了吸毒一途，從此淪落，所以大三科的五名老生無一成材，深堪痛惜！

大三科的武生也有五個人，則為沈富貴、蘇富恩、姚富才、錢富川、陳富芳。至於茹富蘭在科班之時，應行小生，兼演武生，等到民國10年他離開富連成後，方始專演武生戲，所以要談大三科的武生，茹富蘭是不在其內的。

沈富貴初學老生，後改武生，曾從董鳳岩、侯喜瑞、蕭長華、趙春瑞等習藝，從民國4年開始，擔任富連成大三科戲中的武生戲土角，垂十二年之久，始終保持每天演出中軸武戲的碼子。一直等到大四科趙盛璧、李盛斌等興起，方才改演

出為教學，但仍不廢登臺。約在民國七八年間，便是沈富貴的全盛時代。

日本人當了捧角家

其時北京《順天時報》，有個日本記者，名叫辻聽花，天天在《順天時報》上捧角，出入後臺，其捧場文字全無技巧，一味把美好的形容詞堆砌上去，並且喜歡收童伶作乾兒子，當時投拜在他膝下的義子一共有七位，乃是尚小雲、小翠花、吳彥衡、趙連升、王斌芬、石韞玉、沈富貴。

日本中國戲劇評論家辻聽花攝於北京西直門寓中

辻聽花（1868～1931），本名辻武雄，號劍堂，他寫詩時多署「劍堂」，而評戲時則署「聽花」，因為「聽花」正是取自「聽戲」的「聽」和「花旦」的「花」。1927 年 6 月 20 日至 7 月 20 日，身為《順天時報》副刊主編的辻聽花舉辦了「徵集五大名伶新劇奪魁投票」活動。這一活動被中國戲曲研究界頻繁提及，是因其與「四大名旦」相關。實際上，投票的目標並非「四大名旦」本身，而是五大名伶的新劇劇目（「五大名伶」中包括了如今所說的「四大名旦」，多出的一人是徐碧雲），但此次投票確成為「四大名旦」產生的源頭，並且促進了京劇表演藝術由以生角擔綱開始向旦角轉移。此次活動的發起人和組織者正是辻聽花。他從活動開始前的預告、進行中的報導直至結束後的總結都出自辻聽花之筆。通過這次歷時月餘、廣泛發動群眾參與的投票活動，在促使人們關注新劇的同時，提高了京劇演員的知名度，對伶人自身是一種有力的鼓舞與獎掖。

民初之時，北京各種報紙雖有莊蔭棠、喬蓋臣諸公間或寫些評劇文字，揄揚後進，但還沒有專闢一欄戲劇版的，有之，那就是由日本人經營《順天時報》第五版開始的，由他和汪俠公主編。他每天聽完戲後，就要大寫劇評，如捧尚小雲、小翠花，便是「天仙化人、色藝雙豔」，捧沈富貴，便是「扮相英俊，開打利落」，千篇一律，當時甚至有人和他開玩笑，仿其體裁，撰寫捧角文字，絲毫不爽，那時候這位「東洋捧角家」在北京是很有點小名氣的。

那時富連成經常在廣和樓演出，前臺樓上靠東南角第一個包廂，俗稱為「下場門內官」，永遠不賣給外客，沈東家昆仲父子或是葉老闆的朋友，都可以坐在這個包廂裏看白戲。北方人聽戲，一向以花錢為榮，白聽戲是沒有面子的事情，所以這個包廂空著的時候比較多；唯有這位東洋捧角家儼然以評劇家自居，一到廣和樓就大模大樣地往這個包廂裏一坐，梨園中人表面上不敢得罪他，背後無不嗤之以鼻的。

姚富才稱呼屬例外

沈富貴幼承名師教益，允文允武，辻聽花的捧場文字，僅屬錦上添花而已；其餘如蘇富恩為蘇雨卿的長子，姚富才為姚增祿的幼子，都是名家之後。富連成的學生，從頭一科到第四科，都尊葉春善為師傅，打從第五科「世」字輩開始，一齊稱葉老闆為師爺爺。只有姚富才在未曾進科班之前，便呼葉為二哥，因為他的父親姚增祿在小榮椿科班裏教過葉老闆戲的，所以在姚增祿帶姚富才進富連成立據拜師之時，姚增祿便命小兒子改口，以後不能叫二哥，要稱師傅，但葉春善以己身技藝多得自姚老伶工傳授，一日為師，終身為父，不許姚富才改口，仍沿舊稱；所以終富連成四十餘年，六七百學生之中，只有姚富才一個學生是和葉春善社長稱兄道弟、平輩稱呼的。錢富川專工二路武生，先後傍過茹富蘭、楊盛春等，在武戲中佔據重要地位。陳富芳在茹富蘭、錢富川等相繼離開富連成後，成為大三科武行的中堅分子。抗戰軍興，投歸後方，由西安再到重慶，登臺之餘，以教戲為業，算得是富連成中的一位愛國藝人。

吳富琴出身是正旦

凡是愛看程硯秋的戲迷，一定知道吳富琴，他也是富連成大三科出身，學習正旦，並非一開場便唱二、三路旦角的。程硯秋的鳴和社、秋聲社，以吳富琴為二牌旦角幾十年，例如程的本戲《賺文娟》中，便以吳演文娟，《碧玉簪》

中，則以吳飾李夫人，《鎖麟囊》中吳演趙守貞，當年，鳴和社下屬叛程，吳富琴並不在內。吳晚年曾在上海加入梅蘭芳劇團演《宇宙鋒》的啞奴，則因吳流落上海，梅蘭芳顧念舊誼，把他收留下來，他可以算是與程硯秋全始終的。

《玉鏡臺》吳富琴飾劉芳姿（左）程硯秋飾碧玉（右）。

　　吳富琴字慧中，係北京梨園世家，其父吳玉林是演花臉的，入富社時，先學梆子青衣，後來才改從蘇富恩的父親蘇雨卿學二黃青衣，等二科正旦李連貞倒倉以後，吳富琴便脫穎而出，先後與馬連良、方富元、張富良、譚富英配戲，演出本戲，如《五彩輿》《梅玉配》《廬州城》《南界關》，都少不了吳的一份。他之改演二路旦角，乃是出科以後的事，甚至程硯秋班中加入芙蓉草配二路，他就退居為三路旦角，也可以算得是大丈夫能屈能伸了！

　　富連成大三科青衣除了吳富琴之外，還有唐富堯，其父名唐采芝，擅彈琵琶，也是演正旦的，為梁啟超所賞識。等到民國10年吳富琴出科，脫離富連成，搭入高慶奎、程硯秋的班子，富連成才重用唐富堯，可惜扮相不佳，未能夠大紅。

尚富霞花旦改小生

　　尚富霞是四大名旦尚小雲的胞弟，民國 7 年經迁聽花和譚小培的介紹，加入富連成學花旦，成為大三科繼小翠花後的翹楚，能戲甚多，十之九出於郭春山、蕭長華、金喜棠等的教導。出科後不久即脫離富連成，從乃兄尚小雲之命，拜張彩林為師，改習小生，專為老兄配戲。民國 27 年，又輔助乃兄尚小雲創辦榮春社科班，在班中除教小生外，復教花旦戲，尚小雲有個兒子尚長麟，弟子張君秋、李世芳、毛世來等，都獲得他不少教益。

　　大三科中還出了一名武旦，名為邱富棠。是民國 3 年進的富連成，先學老生，後來又從宋起山、賈順成二位練武工，跟隨二科師兄武旦劉連湘學武旦。這是富連成一種良好傳統，不是師傅帶徒弟，而是師兄教師弟，類似情形，頗多實例。擅打出手，極少失手，而且還有嗓子。當年大三科演《五花洞》，即由吳富琴、唐富堯、尚富霞、邱富棠四人扮演，廟會與公堂兩場，互鬥珠喉，極為動聽，最後復殿以邱富棠之人打出手。早年凡演此劇，飾潘金蓮與武大者，各有一真一假，自從富連成大三科起，始增為真假各二人，名之為《四五花洞》，因為科班中人多，易於支配，後來且增為《八五花洞》《十六五花洞》，那就只講求熱鬧，而不計較劇情了。曾聽梅蘭芳說過《四五花洞》此戲，只許有一個真潘金蓮，另外三個潘金蓮都是假的，《八五花洞》亦然，只許一真三假或一真七假，他說：真的永遠只有一個的。

富連成大三科學員演出的《六花洞》。

班規嚴肅決不寬貸

富連成科班的成功之處，是在班規嚴肅，葉春善對於學生，個個視同自己的子弟。愛護之餘，凡有觸犯班規的，決不寬貸。這裡舉出三件事來證明葉春善的維護班規，可以作為辦科班者永遠奉為金科玉律的。

記得是頭科「喜」字班時代，有一次武生康喜壽家中給康喜壽送來了一雙青布新鞋，康喜壽在用完了晨功，吃過中飯，預備上館子時候，換了家裏為他做的這雙新鞋，洋洋得意的準備排隊出發了，不想被葉老闆一眼看見，把康喜壽叫過來，問他這雙鞋是哪裏的？喜壽說是家裏給新做來的。葉老闆說：我這裡衣帽袍褂甚至連襪子都供給到了，又何止一雙布鞋。你家裏的境況並非寬裕，萬不會大老遠的給你送這一雙鞋來，必然是你向家裏要，才會籌措給你做來，科班裏樣樣都供給你，你的學業未成，不能夠掙錢養家，還要從家裏勒索，你居心何忍。給我把鞋脫下來。康喜壽當時把新鞋脫下來，站在旁邊嚇得啞口無言。葉老闆又吩咐大徒弟武喜永，去到前院祖師龕前，請過「戒方」（責打學生的板子）來，要重責康喜壽。再說武喜永那人，真是聰明機警，借著請「戒方」的這個機會，把他的太師母葉老太太請了過來，給康喜壽講情。葉老闆的為人，事母最孝，無論什麼事，只要有他母親一句話，總是奉命維謹，這次康喜壽端賴葉老太太片言解圍，得免刑責。其實那時候的康喜壽，不但將近出科期間，不過三五個月就要出科，而且是富連成武生戲的主角，科班中的臺柱，東西兩廣的紅人，觀眾心目中的寵兒，而葉老闆毫不姑息地執法如山，使所有的生徒視為殷鑒。

《捉放曹》譚富英飾陳宮、王泉奎飾曹操、哈寶山飾呂伯奢。

第二件事是譚富英在民國 6 年正月被送入富連成科班習藝，那時譚鑫培還在世，入科之時，譚富英只有十二歲，正當大冷天。譚鑫培的太太心疼孫兒，怕孩子受不住冷，就教譚小培到科班去送一件舊皮襖給孩子擋擋寒氣。葉春善見了譚小培，十分客氣，等到譚小培把皮襖拿出來說明來意，葉春善教訓道：「老太太疼孫子，那是應該的；孩子既然送到我這兒來學戲，那就得按著咱們這兒的規矩，我們這裡的學生是一律平等，從頭上戴的到腳下穿的，全得一樣，都由社裏供給。既然老太太疼孫子，那就請她老人家把我們這裡的孩子，每個人送一件皮襖，那麼升格（富英小名）也可以穿皮襖不會凍著了。」譚小培聽了無言可答，只得乖乖兒把皮襖帶回去。此事譚富英後來常常提起，都說老社長執法如山，足為梨園楷模。

第三件是民國 22 年，高盛麟、裘盛戎兩個人在出科的前一天，晚上跳牆外出，到華樂戲院去聽楊小樓、郝壽臣的《連環套》，看完了戲，又跳牆回來。第二天被葉社長查了出來，先將二人叫到祖師堂，每人重責二十大板，然後教訓他們說：「你們今天都要出科滿師了，按說我跟你們應當客客氣氣，再說你們出去看戲，也不是什麼壞事，可是昨天晚上，你們還沒有出科，還在社裏，就得守社裏的規矩；這越牆外出是犯了社規，所以剛才打你們，是打你們的犯規，現在我要你們燒香出科，以後希望你們在社會上好好地做人，永遠不要做犯規的事。」其事不久就流傳出去，大家對葉春善只有敬佩他的正直無私，在梨園界是少有的。

《打魚舟配》華世麗、毛世來、趙世璞、張世侯、江世玉。

第十七章 爭取觀眾票價從廉

高百歲搭班富連成

　　富連成的唱功老生，應以喜字班為最盛，當年的王喜秀、雷喜福、陳喜星之流，都曾經賣過一陣好嗓子。尤其以金絲紅（王喜秀）聲名鵲起的時候，幾乎可與譚鑫培較一日之短長，這句話，若問一問凡是宣統年間在北京聽過戲的人，都可以證明我這話並非虛語。到了該社二科的老生，僅有一個張連福，是專以唱功博得顧客稱賞，所以他的藝名是小金絲紅，後來簡稱為小金紅，亦緣於此。可惜在民國 3 年春天，張連福藝滿出科，適逢倒倉，這個期間，該科班的當家老生，幾乎是無以為繼。雖說二科的老生，還有馬連良、曹連孝、常連深等人，但這三個人，或是偏重做工，嗓子原不足用，或是嗓音高亢，近乎偏左，不宜於正式的唱功戲，所以那一時期，在富連成裏，簡直就聽不到《捉放》《罵曹》《探母》《碰碑》這一類的唱功戲了。

　　民國 3 年夏天，來了一個搭班學藝的老生，名叫劉榮升，嗓音高亮，扮相雍容華貴，乍一出臺，在倒第二、三，很唱了一個相當時期，因為他沒有武工的底子，家裏的人又都是外行，不知道教他每天去科班裏隨眾練功，只是請個琴師在家裏調嗓，所以他的拿手戲僅是《朱砂痣》《洪洋洞》一類偏重唱工的戲。在富連成的習慣上，凡是搭班習藝的學生，自己不向班方請求深造，班方便無權促他照著規矩一步一步地上進，所以劉榮升乍一出臺的時候，憑著嗓音衝，扮相好，確乎給觀眾一個耳目一新的好印象，那時劉鴻升正在肉市廣和樓組鴻慶社，唱了二年多了，廣德樓的富連成忽然出來一個能唱的小老生，委實把廣和樓的常川顧客叫過來不少，只是獨一門的玩藝不能持久，

不到一年工夫，他的戲碼便由壓軸而挪到前幾齣來了。於是劉榮升這個借臺演戲的命運也就漸漸的終了，以後也不見於其他各班，可能他已改操別業了。

在富連成搭班唱戲的高百歲演出《獅子樓》飾武松。

民國 4 年春天，高百歲搭入富連成。高百歲在富社搭班，一向保持唱倒第二的紀錄，他的戲路子是宗劉鴻升，以三斬一碰享名，若非民國 5 年端陽過後嗓音失潤，富社決不會放走這個人才的。現在的顧曲家，都知道他是麒麟童周信芳的大弟子，為麒派老生傳人，殊不知以前他的嗓子是高唱入雲，不以靡靡之音取悅於觀眾的。

高百歲當年，以《斬黃袍》最為拿手，他飾趙匡胤，向例是由何連濤給他勾臉，在「天作保來地作保」那段流水，嗓音充沛，一氣呵成，真使人聽了過癮。後面「孤王酒醉桃花宮」那一段，本是民國三四兩年北京家喻戶曉的唱詞，高百歲唱得委婉動聽，抑揚有致，所以這齣戲自高百歲離開了富社，一直將近十年，就沒排在壓軸子唱過，民國八九年，小三科的老生劉富溪，雖然一度唱過，只是《哭頭》那一場的片斷，從高懷德紮靠演起，所以一向是中軸武戲以前唱，直到民國 15 年，雷喜福給小四科的李盛藻排出這戲的全本來，這才恢

復了當年高百歲演這一齣戲的舊觀，可見高百歲演此戲之名貴了。

《斬黃袍》中，與高百歲為配伍的，亦都是一時瑜亮，若沈富貴飾高懷德，存富珠飾鄭子明，馬連良飾苗光義，邱富棠飾陶三春，高連山飾韓龍，高連弟飾韓素梅，趙連城飾鄭公子，這一堂配角，把這齣戲陪襯得緊湊火熾，更顯得似花團錦簇一般了。

王文源藝名五齡童

高百歲在民國 5 年的夏天，因嗓敗退出了富連成。到了六月中旬，又有一個小老生搭進了富連成科班，此人藝名五齡童，北京人，他父親名王壽山，僅有此子，對他非常鍾愛，五歲時便教他學戲，居然頭頭是道，偶而登臺，彩排一齣，一點也不犯僵，不怯場，因此取名五齡童。他是光緒三十三年丁未生的，搭入富連成的時候，實際上還不足九歲，頭一天在廣和樓打炮，唱的是《轅門斬子》，這天的配角都派的是頭二兩科的學生，計有侯喜瑞的焦贊、王連奎的孟良、唐連詩的佘太君、閻喜林的八賢王、蕭連芳的穆桂英，這些個大學生濟濟一堂，更顯得這個五齡童小得可憐了。

五齡童的唱功，也是偏近劉跛（鴻升），那個時期，「孤王酒醉……」一段，是人人會唱，幾乎成了里弄謳歌。學戲的人，只要有條好嗓子，便都是趨於此道了。不過五齡童學戲，是按部就班，循序而進，他乍一出臺的時候，固然是個小孩子，粉墨登場，博得群眾歡迎，實際上，唱做、眼神、身段、地方，處處都不顯幼稚，這也是引人驚奇、值得欣賞的一個主要因素。他唱《斬子》《碰碑》這類戲，由外場桌轉進入座的時候，照例是由檢場的人，半攬半掖的扶上椅去，在椅子前面，還要放一疊很高的椅墊，給他接腳，這種情形，都足使人發噱而歎為驚奇的。

他在富連成搭班不到一年，便出外搭進大班，民國 6 年秋，最初是進東安市場的中華舞臺，唱倒第三四。民國 7 年，五齡童搭進俞振庭主辦的斌慶社科班，唱大軸子，這一局，賓主融洽，聚了一個很長的時期。到了民國 14 年，他年將弱冠，不便再用「五齡童」這個藝名，於是改名王叔賢。民國 19 年，自外埠倦遊返平，初演於廣德樓，這時他已二十四歲，戲報上便改名為王文源了。

《失印救火》王文源飾白懷，這是他在富連成
搭班演戲唯一的一張照片。

強敵環伺互相競爭

　　富連成之所以興盛，是因為人才整齊，教養得宜，戰勝了艱苦的環境，實
踐了奮鬥的精神，才能獲得全國知名的盛譽，決非機緣巧合，偶然幸致的。

　　從第一舞臺右側的小胡同穿出去，是王廣福斜街，乃舊京著名的八大胡
同之一，這裡也有個戲園，經常出演的是三樂社科班，由清宮權閹李蓮英的
胞侄李際良主辦，請老伶工孫佩亭主持。這個科班裏，旦角是尚小雲、白牡
丹（即荀慧生），老生趙鳳鳴，武生王三黑，戲好價廉，很可以號召一般觀眾，
尤其是八埠鶯燕，近在咫尺，晝間無事，抽暇聽歌，更是長期的顧客，因此
而招徠了不少醉翁之意不在酒的人們，若非李際良耳軟心活，不善處理，氣
走了主持人孫佩亭，使這個科班人心渙散，終至解體的話，實在是富連成的
一個勁敵。

　　再說大柵欄裏的三個戲園，廣德樓是丁劍雲組辦的志德社（後改奎德社）
坤班，由鮮靈芝、張小仙兩人為臺柱，武生是于紫雲，老生有小愛茹、韓孝峰、

寧小樓，花旦是九月菊、于紫霞，老旦鑫小樵，花臉王金奎，小花臉是趙來雲，其中尤以汪金榮和宋鳳雲兩人，是排演新戲不可少的角色，如同藥中甘草，無往而不適的。經常以新戲叫座，《一元錢》《十五貫》《冤怨緣》《仇大娘》《家庭禍水》《暗室青天》，這都是婦孺樂觀、每演必滿的，偶而鮮靈芝演出《打花鼓》，張小仙唱個《小放牛》，也能風靡一時，其魔力之大，名角對之亦感遜色，何況地勢又好，四通八達，怎會不馳譽九城呢。

與廣德樓望衡對宇的是三慶園，這裡由老牌坤伶劉喜奎擔任大樑，班名是慶和成，後改為維德社，老生小蘭英，與姚玉蘭、姚玉英，武生趙紫雲，青衣杜雲紅，那時候劉喜奎唱的一齣《二縣令》，真能唱哭了半堂座兒，此外《宋金郎》《玉虎墜》《佛門點元》等等，雖是以梆子腔為主，確乎迷瞪了不少年輕的小夥子，就連五六十歲的遺老，終日沉湎樂此不疲的亦大有人在，其風頭之健，足以壓倒廣德樓的志德社，更無論其他的男班了。

在民國4、5兩年，正是袁項城竊位據國，密謀稱帝，以遂其家天下的私願。那時的北京恰好是改元伊始，人心甫定，街市上繁榮鼎盛，歌舞升平，各戲園亦在競邀名伶，爭演佳劇，以冀其座上客常滿。富連成在廣和樓露演，論地勢雖然也是屬於「前門外」一帶，但究嫌偏僻，終不如大柵欄那幾家，位於通衢，繁華便利，更何況西柳樹井大街新開張的一家「第一舞臺」，完全是海派的裝置，新式的設備，好奇的顧客自然是也很多了。

左為民國初年北京最大的新式舞臺「第一舞臺」外景。右為早年在此演出的戲單。

那時的「第一舞臺」，由楊小樓組班，老生是王鳳卿，旦角是王惠芳，每天日夜兩場，小樓與鳳卿的頭二三四本《取南郡》，聯演四天。王惠芳和姚佩秋的頭二本《虹霓關》帶洞房，這都是叫座兒的好戲。與此處數步之隔的文明茶園，那時是俞振庭的雙慶社在那裡露演，除去俞五自演一齣武戲，最初

旦角是王瑤卿，老生是時惠寶，後來旦角梅蘭芳，老生換了孟小茹，為了加強陣容，花旦是路三寶與諸茹香，小生是姜妙香與程繼先，花臉是李連仲與郝壽臣，青衣有胡素仙，老旦有謝寶芸。前面的小武戲，由梅蘭芳的內兄武生王毓樓（少樓之父）主演，遇有唱《四郎探母》、八本《雁門關》的時候，還要特約陳德霖飾太后，龔雲甫扮佘太君，請想這兩家戲園經常打起對臺來，是何等的熱鬧。

大柵欄裏這三家戲園，要算慶樂的角色最軟，因此也就站不住一個長班。

在民國5年，是群益社在那裡露演，文戲以梆子青衣崔靈芝為主，老生有一千紅、十二紅（薛固久）、十三紅（孫佩亭），小生馬全祿，大丑劉義增，花旦小馬五，二黃老生有太監老生陳子田與德建堂。武戲以沈華軒為主，武丑張黑，武生小雙喜，都隸屬於這班。因為角色齊全，有叫座的能力，較其他的戲班駐演稍久，後來沈華軒脫離，換了於德芳，才移到崇文門外東茶食胡同的廣興園去唱，這已經是民國6年夏天的事了。

門框胡同裏的同樂園，是坤伶武生李鳳雲與坤角老生李桂芬的經常露演所在。李鳳雲長靠短打，無所不能，比趙紫雲年輕，比于紫雲勇猛，跌撲起打，都矯捷敏速，臺下初次看她的，幾乎辨別不出她是坤伶，與李桂芬並稱二雄。因李桂芬的老生，純宗譚派，一齣《連營寨》哭靈牌，足以轟動九城，腔調念字，在坤伶中一時無兩，足以與後來的孟小冬分庭抗禮的。

糧食店的中和園，原是譚鑫培的同慶社常駐之地，譚氏晚年不常出演，便成了金剛鑽、小香水、蘇蘭舫以及富氏「三友」（竹友、蘭友、菊友）等一般坤角的天下。那時正在坤角盛行的時期，多數觀眾，凡不趨於楊梅兩班的，更兼八埠花業，名庖酒肆，也全聚集於此，所以民初的「前門西」一帶，可以說是燈紅酒綠、弦歌不絕的所在，而隔著一條馬路的肉市、鮮魚口等處，比較起來便顯得是冷落多了。

坤伶科班威脅富社

前門東鮮魚口的盡頭，是小橋胡同，這裡有一家戲園，名為「天樂園」，乃是梆子花旦田際雲的產業，民初他繼玉成班之後，組翊文社演於此處，這算是梅蘭芳的發祥地。民國4年，梅蘭芳搭俞振庭的雙慶社，天樂園的生意便一落千丈了。田際云是梨園界的革命家，從來不肯服人的，眼見老生孟小如、青

衣梅蘭芳兩根柱子，都被俞五給拉走，他並不甘心，重組翊文社，以楊小朵（琴師楊寶忠之父）、榮蝶仙（程硯秋之師）兩個花旦掛頭牌，與前門的幾家戲園平分春色。可惜好景不長，在丙寅（民國5年）年舊曆四月十六日這天，楊、榮兩人在大軸子合演《樊江關》，在對劍的那一場，蝶仙失手，把小朵頭上戴的鈿子削落，連包頭網子同時脫落，當場露出大光頭來，楊小朵認為這是栽了一個大跟頭，所以由這天起不再上臺，翊文社也就從此報散。

《樊江關》榮蝶仙飾薛金蓮、王瑤卿飾樊梨花。

　　其時田際雲早已訓練出一個女科班名為崇雅社，以青衣白素忱、老生李伯濤、花旦常九如、武生梁春樓諸人為主角，就在民國5年8月14日，仍在天樂園亮臺，坤角本就受人歡迎，坤角的科班自然更是新穎整齊，與肉市廣和樓離得很近，富連成受他們的牽掣影響，自非筆墨所可形容了。

不漲票價爭取觀眾

　　富連成科班遷回肉市廣和樓演唱是民國4年乙卯的春天，環繞著「東廣」前後左右，附近的戲園子與各大小男女戲班，約略有如上述，雖說那年月北京

聽戲的人多，究竟禁不住各家戲園都有名伶好戲，互相牽扯，無論哪一家，若是沒有特殊叫座的能力，不能夠籠絡得住觀眾，在這種熱烈競爭的局面之下，根本就難以存在了。

富連成葉老闆有鑑於此，知道沒有出奇制勝的方略，一定要被淘汰，便先從戲價上入手。在光緒晚年，北京各園的戲價，普通是當時錢一吊二百文，譚鑫培的同慶班，俞菊笙的福壽班，最貴也不過是一吊六百文，到了民初，各戲園的戲價全都改成了「銀本位」，最起碼的座位，也得小洋一角，好點的座兒，便需要兩三角錢不等，那時一塊現大洋換銅幣一百三十八枚，看一次戲要花費三四十枚銅元。富連成是始終以一吊三百文的戲價維持了五六年之久，到了民國7年，才增加了三枚銅元，改為一吊六百文，以廉價著稱，這是第一個致勝之道。

講究戲碼規矩整齊

第二就是在戲碼上講究，始終能做到規矩整齊四個字。在一般外行看，這四個字彷彿是算不了什麼，實際上確非易事，如果科班裏本身的規矩不嚴，絕對在戲臺上講不起規矩，既沒有規矩，自然也就談不到整齊了，富連成從開場到大軸，每一齣戲都是經過千錘百鍊，排練純熟，才肯派出上演。每戲初次登臺，不但負責教這一齣戲的教師要站在上場門臺簾後面監督，葉老闆也是由始至終的站在下場門臺簾後邊看個仔細。如遇小有錯誤，輕則申斥改善，重則鞭扑立施，責罰不貸，試想這樣嚴格的管訓，學生們在臺上誰敢敷衍了事，讓觀眾們看了感到不滿意呢？

富連成一向以武戲整齊火熾為主，用之為號召顧客的工具。在民國四五兩年，也正是集中精力排練武戲之時，其時頭科學生侯喜瑞已然升任教師，深得葉老闆的器重，囑咐他把當初姚（增祿）茹（萊卿）羅（燕臣）韓（樂卿）諸位老先生留下的絕活，排演出來，給觀眾耳目一新，才能保持上座的紀錄。喜瑞受命，便先給茹富蘭說《戰濮陽》，這齣戲是茹萊卿給頭科康喜壽排的，那時的侯喜瑞還不夠唱曹操、典韋的資格，他不過扮個曹將夏侯淵而已，但是有心的人是無所不注意的，他給茹富蘭、韓富信兩人說對戰的那一場，完全是宗茹先生的路子，這就是康喜壽、趙喜魁兩人受教於茹先生的時候，他從旁偷觀，等於親炙。後來茹先生看了他的長孫這戲，也深歎侯喜瑞得之於茹家，還諸於茹家，在戲班中言，不失為一個有心人了。

晚年的茹富蘭先生在給武生學員們教戲。

第十八章　從蘇盛軾談到葉春善

蘇盛軾是梨園良師

　　蘇盛軾出身於北平富連成科班，早期曾先後傍過同期武生楊盛春及武旦閻世善同班演出，擔任二路武生角色，閻世善屢次赴上海獻藝，俱獲蘇盛軾偕行，牡丹綠葉，相得益彰，對於武旦戲特別熟悉。根據《富連成三十年史》蘇盛軾小傳中說：「盛軾原名寶林，為富連成社教授蘇雨卿君之第四子。三科武生蘇富恩、花臉蘇富旭、四科老生蘇盛貴之四弟也。幼時曾肄業於第十九小學。十歲時，入富連成社學藝，補入第四科，藝名盛軾，初從該社教授蕭連芳學小生，後改從教授王連平學武生，能戲約百餘齣。亦與朱盛富、高盛麟、楊盛喜等配演，武工極為嚴實。盛軾要強心盛，故私下用功頗勤。每晨偕朱盛富、楊盛喜、孫盛雲輩赴廣和前臺打把子，故藝術頗有進步，十七歲出科，並未出外搭班，現仍在科效力，為人和平，循循有禮，一如其父兄輩。」

　　蘇盛軾敬業樂業，從事國劇教育數十年，恰能符合富連成社社長葉春善的宗旨——得天下英才而教育之。《富連成三十年史》是一部官方文書，對蘇盛軾的這段記載，是十分翔實而可靠的。

《連營寨》妨主出意外

　　葉春善逝世之年是在民國 26 年 12 月 19 日，享壽六十一歲。他的去世，也與富連成科班有關，其事要推溯到民國 10 年。當時喜連成出科的頭科學生梁喜方，從上海北返，梁喜方是唱武生的，在上海不但演戲，而且兼任戲

院方面的排戲、教戲職務,還做些小買賣,很賺了些錢,這一次北返,大有衣錦榮歸之意。梁喜方到了北京,自然要到富連成科班去探望葉老闆和蕭老師他們,那時富連成社已經在那年的九月份,搬到虎坊橋新社址去了。梁喜方當時表示要義務為師兄弟們說兩齣在上海非常流行而且叫座的武戲《神亭嶺》和《連營寨》,葉老闆自然表示歡迎,等梁喜方為那班小師弟說完戲以後,先回上海去了,沒有看幾位師弟們演出,就由王連平擔任總排,先演出了《神亭嶺》,由趙盛璧演孫策、陳富瑞扮演太史慈,後來陳富瑞離開富社後,又由李盛斌演太史慈。而《連營寨》卻沒有演出,因為蕭長華率先反對,說《連營寨》那些戲都是妨主的,火燒劉先主是不吉利的,因此那齣《連營寨》始終沒有排出來。

大概在民國十三四年,葉老闆忽然想起梁喜方教的那齣《連營寨》相當火爆,學生們學會了這齣好戲,不唱豈不可惜!恰好那時候蕭長華老先生又跟梅蘭芳去了上海,再沒有人敢攔阻他。葉老闆在富連成一向是令出如山的,於是一聲令下,就命王連平為師弟們總排《連營寨》,定期演出,兩個主角是由第四科的孫盛輔演劉備,趙盛璧演趙雲。也是事有湊巧,那天在廣和樓白天演《連營寨》,當天晚上就出了事情,難怪蕭長華從上海回北京聽說此事,連連頓腳說:「我說《連營寨》妨主,你們不信,現在可不是出了事啦!」

葉春善與富連成部分教師合影。攝於民國十五年。

成字如何改為盛字

　　曾經有人問起過，說：喜連成、富連成，怎麼學生都不叫李成藻、高成麟，卻叫李盛藻、高盛麟呢？這其中也有一段故事，至於把這個「成」字改為「盛」字，也得到一位高人的指點，此人是誰？就是喜連成的創辦人牛子厚。

　　話說牛子厚雖然在清末民初把喜連成讓給了經營外館買賣的沈玉亭、仁山昆仲，但是他跟葉老闆和眾位教師的私交依然保持，每逢牛東家由關外到北京，總得跟葉老闆、蕭先生他們敘敘，看看小孩們的演出，最近排些什麼新戲之類，都很關心。也是葉春善說起，三科學生招齊，第四科的學生馬上就要入學，將來還得採取幾個字，作為學生們的排行，葉春善和牛子厚說這些話的時候是在廣和樓，當下牛子厚不假思索，就指著廣和樓牆上的一塊匾額說：「你瞧，這塊『盛世元音』的牌匾，不就是咱們富連成將來的排行嗎？而且這個『盛』字比『成』字還要好，我們現在不但要求其成功，而且最要求其興盛，要國劇一脈由此而陸續不斷地傳下去。將來『盛』字下來就是『世』字，『世』字下來就是『元』字，『元』字下來這個『音』字不太好，我們何妨把它改為『韻』字，那就更加叫得響亮了！」牛子厚這一番話，奠定了富連成七科學生的排行，沒有等到第七科畢業，創辦了四十二年的富連成科班就此報散，以後再也沒有人提起第八科的排行是什麼字了。

葉春善抓賭傷左足

　　前文講到富連成白天在廣和樓演出《連營寨》的當天晚上，富連成又在慶豐堂接了一本堂會，當時唱一本堂會戲的價是大洋二百元。這家慶豐堂坐落在廣和樓後面不遠，地方不很大，可是有二樓，當然客人不會上去，就是沒有戲的學生們可以上二樓聽戲。那時的學生們因為慶豐堂的二樓狹小，只要有一個學生放一個屁，就可以臭大半天，所以把慶豐堂取名為臭一樓，有人問今晚在哪兒唱堂會？只要說是臭一樓，大家就意會到今天這堂會是在慶豐堂唱了。

　　慶豐堂二樓旁側，還有幾間跨院，就在那天晚上，葉春善先到慶豐堂後臺，看看學生們在臺上的情形，再上二樓瞧瞧沒有戲的學生們，是不是規規矩矩的在那兒聽戲，不料一上二樓，看見聽戲的學生不多，但是跨院裏聲音不小，只聽得第二科的學生馮連恩在那裡嚷著：「快點壓，不壓，我就開了！」這分明是學生們在那裡聚賭開寶。富連成的班規一向將聚賭視為禁例，那些學生們躲在慶豐堂跨院裏聚賭，連電燈都不敢開，只點了兩支洋燭，就怕有人來抓，只

要把火一吹熄，大家四散逃走，不就沒事了嗎？合該那天有事，葉春善在跨院窗外一張望，只見燭光黯淡，人頭擁擠，他就站在跨院門口，大聲一嚷：「好，你們又上這兒耍錢來了，誰也別走！」準備出來一個抓一個，當時在裏邊耍錢的學生們一聽葉老闆的聲音，馬上就先把洋燭吹熄，可是這跨院只有這麼一道門，正讓葉春善擋住，二三十個學生一擁而出，烏天黑地的就把葉老闆撞倒在地下，學生連奔帶躍，還有學生不小心在倒下的葉老闆左腳背上踩了一下，「哎呀」一聲，葉春善痛得當場暈了過去。學生們大驚，就有人向管事們報信說：「老闆在跨院門口摔了一跤，傷勢不輕！」當下就由後臺的老師們挑了兩個孔武有力的學生，抬了一塊門板，把葉老闆扶上門板，由三科學生耿富斌陪著，送到當時最有名的東城協和醫院去治療。住了兩個月有餘，其間打石膏，縛繃帶，葉春善還真吃了不少苦，可是並沒有根治，出院以後，走路就有點兒高低不平，每逢陰天下雨，傷處還要疼痛。

葉春善在傷足前與全家人的合影。中坐為葉春善、右起為葉盛蘭、葉蔭章、葉盛章。

　　葉老闆在協和醫院養傷的時候，念念不忘此事，旁人還有誰參加賭局，他沒有目睹耳聞，唯有馮連恩在那裡開寶，他卻是聽得清清楚楚的。馮連恩是第二科的學生，應工武二花，他最拿手的戲就是《青石山》的周倉，他的姐姐嫁給蕭長華，所以馮連恩敢於在學生裏面比較膽子大些，也因為仰仗他姐夫是富連成班裏的總教師。等到蕭長華從外埠回來，一聽說富連成白天在廣和樓唱了

《連營寨》，當天晚上葉老闆就因為抓賭負傷送了醫院，一面說：「我說這『妨主』的戲唱不得，你們不聽我的話偏偏要唱，現在可不是應驗了嗎？」一面也調查情形，知道開賭的事與他的小舅子馮連恩有關，時近歲晚，就著令馮連恩自動提出向富連成社辭班，跟隨武旦方連元出外當下把，免得將來給葉老闆當眾開除，那就大家的面子都不好看了！

　　葉老闆受傷以後，始終沒有完全恢復，大約過了十年，即民國24年，葉春善自己覺得老了；其實那時葉春善還不到六十歲，但已因足疾，精神大不如前，就把社長的位子讓給了葉龍章，所以富連成從世字輩的小五科開始，就尊葉龍章為師父，而把葉春善尊為師爺爺了！

富連成第二任社長葉龍章

葉龍章，六歲入私塾讀書，十歲進皖系軍閥徐樹錚創辦的正志中學讀書。這所學校注重軍事訓練，具有武備學堂的規模，學生一經竟業，則被分配到軍隊服務。經過五年的學習，於二十歲畢業。結婚後被指派到張學良統率下的東北軍炮兵團供職。1934年，因其父突患中風去職回京，於當年秋天正式接任了富連成社社長職務，直到科班報散為止。

　　附帶應當說明一件事，富連成原來的後臺老闆是外館沈家，後來因為沈家事業失敗，沈仁山又有病，就在虎坊橋富連成社裏養病，以至病死，都是在富連成社搭棚辦的喪事。沈仁山的七弟沈秀水因為他哥哥投資在其他地方的買賣賠累不堪，又因為沈仁山的疾病醫藥喪葬，富連成填了不少錢，就把富連成「倒」給葉家，所以葉春善得以把富連成的社長職位讓給大兒子葉龍章父業子承的繼承下去。

第十九章　富連成的冒牌學生

富連成弟子去上海

　　富連成第一次去上海，那是對富連成科班的一大打擊，其事發生在民國22年（1933）冬天，上海天蟾舞臺派人到北平邀角，首先就找到了蔡榮貴。其時，蔡榮貴早已因接堂會戲從中舞弊被富連成辭退，到馬連良的劇團中擔任抱本子管事，也因和後臺同人倚老賣老，鬧得不歡而散。此時見上海有人來邀角，蔡榮貴就想報當年富連成辭退他的一箭之仇，因為那時候富連成的第四科學生已經有好些個出科了，於是就由蔡榮貴會同天蟾舞臺的邀角人分別到每個出科學生家去談公事。那些學生和家長們一聽上海有人來約，那可是好機會，於是紛紛答應，就差短點行頭，蔡榮貴拍胸答應，一切行頭由他負責，於是排出陣容，老生李盛藻，青衣陳盛蓀，花旦劉盛蓮，武生楊盛春，其中缺少一位文武總管事，則由蔡榮貴請了王連平。但是王連平特別聲明，他這次去上海，只是向富連成請假，為期二個月，並不算是脫離富連成，因為王連平已經跟上海簽了合同，不去不成，葉春善覺得這樣的學生已經很難得，比較那些一出科就遠走高飛的學生不知道強多少，因此再三叮囑王連平，務必早去早歸。後來王連平果然遵守諾言，在上海期滿以後，依舊回富連成照常執教，可算得言而有信。

孫氏昆仲婉拒赴滬

　　蔡榮貴約富連成出科學生去上海演出，也並不是每一個都順利的，其中

淨、丑二行，就遇到了挫折。本來在蔡榮貴預定的名單上，淨角是孫盛文，丑角是孫盛武，不料和孫氏昆仲一商量，就遭到婉言謝絕。原來孫盛文在民國9年，奉母偕弟妹自上海扶他父親唱武旦之孫棣珊的靈柩返北京，暫住其伯父孫棣棠（孫元坡、元彬之祖父）家中，旋經名武旦朱文英（朱桂芳之父）介紹進富連成，盛文學淨，盛武學丑，盛文在民國16年即已滿科，因葉春善社長對其十分器重，依舊留在本校服務及演出。

民國18年，葉春善因其兄葉福海逝世已久，科班中不可無淨角教師，便將盛文升任富社花臉教師，教裘盛戎、袁世海的銅錘、架子戲。此時蔡榮貴來約角，以為他們弟兄倆必然沒有問題，想不到碰了釘子，可見得孫盛文、孫盛武昆仲二位忠於師門，懷德念舊，一直等到民國25年，葉春善社長去世滿了週年以後，哥兒倆方才脫離富連成外出搭班。那次上海之行他們弟兄倆沒有去，卻因此鬧出一個外行冒充富連成弟子的笑話。

王泉奎改名王盛奎

那次富連成出科弟子去上海，除了李盛藻、陳盛蓀、楊盛春、劉盛蓮以外，還有二路老生貫盛習（貫大元之三弟，小名三元）、丑角貫盛吉（貫大元之二弟，小名二元）、高富全；為楊盛春配戲的張連廷、韓盛信、趙盛璧等，一行二十餘人，就是短一個花臉。蔡榮貴忽然想到個票友，下海不久的王泉奎，嗓子挺好，個頭也不錯，新近拜楊小樓班子裏的武淨張春芳為師，知道張春芳名字的人不太多，但他有個外號卻是內行們都知道的，外號薩敦，這是楊小樓武戲《狀元印》裏的一個角色，永遠歸他演，大夥兒便不叫他張春芳而叫他薩敦，連楊老闆都這麼叫他，別人就更不用說了。

王泉奎本來在廣安市場附近一家點心鋪裏當夥計，每逢新鮮包子出籠，就專門歸他吆喝，「滾熱的新鮮牛肉包子出籠啦！」又亮又高，一聲吆喝，就能叫進好多主顧來。當時就有人建議說，這麼好的一條嗓子叫賣牛肉包子，未免有點可惜，好在王泉奎和哈寶山（哈元章之伯父）有親戚關係，就代他辦了拜老師一應手續，正式下海，但是他這次跟富連成出科弟子一塊兒去上海，可不能叫王泉奎，因為排行關係，就臨時改名為王盛奎，蒙一蒙觀眾，等到期滿回北平，依然叫他的王泉奎，這一段掌故，恐怕知道的人也不太多。

王泉奎《盜御馬》之竇爾墩。

　　無獨有偶的是，這一次富連成出科弟子去上海，演員以外，連管事、跟包、扮戲、衣箱一共只有二十多人，唱一臺戲是絕對不夠的，便只能用天蟾舞臺的班底，來擔任前場的戲碼。那時天蟾舞臺的班底中有個武生，本名叫王富英，後來曾拜麒麟童為師，但那時候，他的武戲演得非常火爆，像《殺四門》《懷都關》《界牌關》一路的戲，演來十分賣力，但與楊盛春的京朝派武戲格局完全不同，讓人錯認為富社弟子，急得蔡榮貴在後臺大叫：「這怎麼得了！後邊的武戲怎麼接？」也可以算得是富連成學生初次去上海演出的一支插曲。

第二十章　尚小雲與富連成

尚小雲義助富連成

　　國劇界四大名旦之中，程硯秋、尚小雲都創辦過學校、科班，程硯秋辦的是中華戲曲專科學校，學生以德、和、金、玉排名；而尚小雲辦的卻是富連成式的舊式科班，名為榮春社，學文戲的以「榮」字排行，學武戲的就以「春」字排行。講起尚小雲辦科班，還和富連成有莫大的關係，這件事要從李盛藻、陳盛蓀他們脫離富連成到上海去演出開始。

尚小雲和富連成的學員們及家人的合影

坐者兩人，是尚小雲、尚富霞昆仲，李世芳、毛世來、張君傑（張君秋之兄）、張君秋、宋德珠、閻世善環立其後，小名小斗子的尚元蓀蹲在尚小雲和尚富霞中間，佳徒愛子，聚於一堂。

從民國 22 年冬天蔡榮貴把富連成這班出科學生請去上海天蟾舞臺以後，富連成本身就起了恐慌，因為這班學生雖然已經出科畢業，可還不時在科班裏演出，現在，大的學生們走了，小的學生們還跟不上，青黃不接，營業大受影響，就得想辦法應付，此時就出現了一位愛打抱不平的名角，他就是四大名旦之一的尚小雲，尚小雲歷任梨園公會會長，慷慨任俠。富連成當時聽說尚小雲要來幫忙，這可求之而不得，於是一拍即合，雙方猶如水乳交融一般。

尚小雲進富連成教戲，先為第五科的學生們排了三齣新戲。第一齣是《崑崙劍俠傳》，亦即崑曲戲的《崑崙奴月下盜紅綃》，由李世芳演紅綃，葉盛章演崑崙奴。第二齣是《娟娟》，又名《玉虎墜》，由李世芳、毛世來主演。第三齣是《金瓶女》，又名《佛門點元》，也由李世芳、毛世來主演。後面兩出戲都是由梆子戲改過來的。尚小雲本來是排戲能手，加以李世芳和毛世來當時年輕貌美，劇藝不凡，於是一炮而紅。加以尚小雲又將《酒丐》的劇本給了葉盛章，另外葉盛章又請王連平等排了好幾齣以武丑為主的《佛手橘》《白泰官》《智化盜冠》等的小本戲；葉盛蘭又給李世芳、江世玉、富世蘭他們排一至八本的《得意緣》，果然營業大有起色，頓時挽轉乾坤，富連成在廣和樓的賣座又好了起來。

一紙戲單勾起回憶

這裡附刊一張戲單，足以勾起若干回憶。這是富連成社在廣和樓演白天戲的一張戲單，前後一共七齣戲，比之早年一臺戲要唱十幾齣戲的，那就減少了許多。這張戲單的演出日期是 8 月 8 日，陰曆六月二十八日，推想其年份當在民國 23 年左右。第一齣武戲是朱盛富和蘇盛軾演唱的武旦戲《二龍山》，第二齣是富世蘭的崑曲戲《春香鬧學》，第三齣是駱連翔、蘇富恩、韓盛信等武老生戲《戰滁州》，第四齣是劉世勳、姚世茹的老生唱功戲《文昭關》，第五齣是富連成二位少東家三老闆葉盛章（店家）和四老闆葉盛蘭（王明芳）的玩笑戲《連升三級》，又名《連升店》，倒第二是葉世長（劉備）、江世玉（周瑜）、沙世鑫（孔明）、裘世戎（張飛）、李世章（趙雲）的《黃鶴樓》，大軸則是江世升（武生）、李世芳、毛世來、富世蘭、朱世芬、閻世善、孫盛武、裘盛戎、艾世菊、曹世才等的群戲《五花洞》。

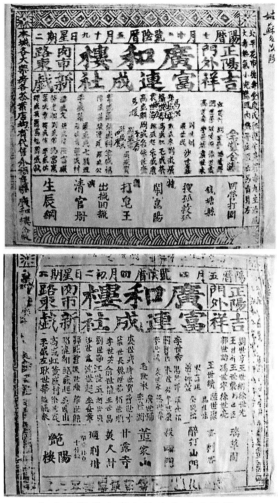

富連成學員在廣和樓演出的老戲單。

尚葉合作水乳交融

　　尚小雲和葉家的富連成合作，開始之時，是如魚得水。民國23年冬天，富連成葉春善命葉龍章主持儀式，讓李世芳、毛世來拜尚小雲為師，尚小雲親自為李世芳、葉世長排《武家坡》《汾河灣》等對兒戲。葉盛章的《酒丐》，除了「空中飛人」之外，旦角場子全部由尚小雲設計。民國24年12月19日，葉春善病逝，尚小雲總理喪儀，辦得十分風光，尚、葉兩家儼然成為通家之好了！那時，尚小雲自己還經常演出，並且排了一出新戲《漢明妃》，尚小雲演王昭君，前面唱皮黃，出塞一場唱崑曲，先由張雲溪演馬童，高富遠演王龍。其時正值尚、葉二家合作最親密的時候，葉盛章自動請纓，加入尚

小雲的重慶社客串馬童，又在富連成眾學生中，挑了十六名有武工底子的在臺上大跑竹馬，這是民國 25 年 6 月 15 日的事，演出地點在華樂戲院，張雲溪另外在前場加演一齣武戲《乾坤圈》，頓時把尚小雲這齣《漢明妃》烘雲托月，轟動一時。尚小雲為此得意非凡，就把自己的大兒子名小斗子的，加入了富連成，編入第六科，取名尚元蓀，應行小生。沒有幾個月，富連成排出全部《四郎探母》，由于世文（小翠花之子）、杜元田雙演楊四郎，李世芳演公主，富世蘭演蕭太后，哈元章演楊六郎，時世寶演佘太君，賈世珍演四夫人，而小生楊宗保這個角色就派了尚元蓀，尚小雲全家當然坐在包廂裏看戲，這一樂就不用提啦。

尚小雲在《漢明妃》劇中飾王昭君。

　　記得當年的戲劇畫報上，曾經刊載過一張照片，坐者兩人，是尚小雲、尚富霞昆仲，李世芳、毛世來、張君傑（張君秋之兄）、張君秋、宋德珠、閻世善環立其後，小名小斗子的尚元蓀蹲在尚小雲和尚富霞中間，佳徒愛子，聚於一堂，那就別提有多美啦！

尚葉交惡凶終隙末

　　常言說得好，天有不測風雲，月有陰晴圓缺。正當尚、葉二家交往密切之際，忽然久居上海的梅蘭芳在民國 25 年 7 月回到了北平。先在第一舞臺演了兩晚義務戲，接著又恢復了他的承華社，在第一舞臺演出了一個短時期，當時北平的戲迷正是目有視，視梅蘭芳，耳有聽，聽梅蘭芳的時期，富連成的老社長已然去世，社長葉龍章心想：咱們科班裏的李世芳人稱小梅蘭芳，毛世來人稱小小翠花，這是我們富連成的搖錢樹，何不趁梅蘭芳在北平的時候，把這兩個沒有出科的小孩子拜在梅蘭芳門下，讓他們博一個「梅蘭芳嫡傳親授」的名義，連帶我們富連成也好沾點光呢。於是便把這一個「說項」的重任，拜託了齊如山老先生。

齊如山先生肖像。

右圖梅蘭芳與梅黨人士留影。右起：齊如山、許伯明、梅蘭芳、李釋勘、姚玉芙、姜妙香、舒石父等。

　　齊老先生是一位忠厚長者，心想君子有成人之美，這可是件好事，當下一口答應，就向梅蘭芳進言。梅蘭芳在上海之時，已經聽說過李世芳這個名字，還聽過李世芳灌的《崑崙劍俠傳》的唱片，認為這孩子有潛質，是個可造之材，又加上齊老先生來說合，當下一諾無辭，答應收李世芳、毛世來為徒。這一下

子讓尚小雲知道了，可大不以為然，認為李世芳、毛世來是我尚某人一手造就的，現在梅蘭芳來了，你們又把這兩個小孩子列入梅門，事先也不來跟我商量一下，這分明是瞧不起我，於是這李、毛拜梅便成為尚小雲和富連成凶終隙末的導火線了！

富連成世字科班出現了兩個「尤物」一個是李世芳、一個是毛世來。二人都受過尚小雲的親炙。不想二位都拜了梅蘭芳，故而尚小雲十分不悅，而退出富連成，另組榮春社。

當時富連成的學生們都是住在科班裏的，尚小雲的兒子尚元蓀也不例外。有一天，科班裏沒有戲，尚元蓀請假回家，尚小雲看見兒子回來，當然非常喜歡，就問尚元蓀說：「這兩天，你們科班裏為你們排些什麼戲呀？」尚元蓀說：「排的是大武戲《淮安府》。」尚小雲一想，《淮安府雙盜印》這是出好戲，就接著問：「那想必是派你演賀人傑了？」「不是。」「那麼演黃天霸？」「也不是。」「難道演蔡天化？」「更不是。」「那麼你演什麼角色呢？」「小老道。」尚小雲一聽，那氣就生大啦！黃天霸那邊，手下有關泰、何路通、朱光祖、賀人傑等等，蔡天化手下有八個下手，四名大老道，四名小老道，自己的兒子就算不濟事，也不至於只能演小老道呀，一怒之下，就關照尚元蓀：「你明兒不必再回科班去啦，咱們自己辦一個。」於是榮春社應運而生，尚元蓀的名字也就因為改隸榮春社而改為尚長春了。

尚小雲輔導李世芳崑曲《牡丹亭》。

第二十一章　童伶選舉新秀迭出

富連成脫離廣和樓

　　抗戰軍興，敵偽竊據北平時期，人心不定，百業蕭條，富連成科班在廣和樓演出白天戲的買賣也逐漸衰微，科班當局不得不向外尋求發展，便在西單哈爾飛戲院、東安市場吉祥園、前門外華樂戲院三處，輪流演出夜戲，以資挹注。這樣一來，廣和樓方面自然是大不高興，前後臺發生誤會，釀成富連成脫離廣和樓的動機。因為廣和樓的產權，從前清同治光緒年間就歸北平崇文門外小市口住戶王鏡齋所有，從民國初年到抗戰前夕，二十多年一向是富連成科班經常駐演白天戲，不但「富連成」這三個字名揚宇內，就是廣和樓園方也因日無虛間，常期演戲，在三七分賬的利潤下，彼此也都獲益匪淺。小至一個戲館子裏賣座兒（南方謂之案目）的小夥計，除了養家糊口之外，還能夠日有盈餘，省吃儉用，買房置地，也大有人在，前臺後臺利益均霑，人人皆大歡喜。如果廣和樓老東家王善堂（鏡齋長子）不死，或是富連成老社長葉春善仍然健在，相信這兩位老先生有一幸存，則雙方依舊可以合作無間，永不分離。可惜他們都是才慶花甲，便先後去世，遺產分由兩家下一代掌管。富社方面尚較單純，由葉社長長子龍章繼承，事權固然統一，只惜他於戲班的事完全外行，因為他出身成達中學，畢業後就入軍隊服務，任職軍需。北伐成功以前的軍閥時代，幹軍需的人只講究想法子弄錢，龍章也不例外，養成習慣，所以他對於錢財上特別認真。至於小市口王家，因為王善堂昆仲很多，下一輩的堂弟兄十餘人，各自為政，廣和樓是族中公產，人人都是東家身份，誰說的話都算旨意，鬧得下面夥計們無所適從。後來連他們自己也覺得這樣下去不是辦法，才改為值年，

每四個人輪值一年，上半年歸兩人管，下半年另換兩個人。過了兩三年，又覺得這個辦法不妥，因為誰當值就任用私人，營私舞弊。日久天長，自不免因錢財與後臺時生摩擦，又逢營業不振，到民國 26 年臘月封臺以後，葉龍章憤然將全部戲衣箱籠搬出了廣和樓，聲明自明年正月初一日起，不再進廣和樓演戲。這是屬於內幕糾紛，一般外人尚無所聞。如果這時王氏弟兄肯於卑躬屈節，請人出來幹旋，未必不能轉圜。可惜那時王氏昆仲也都是初生之犢不怕虎，依舊處之漠然。那時近在咫尺的鮮魚口小橋華樂園主萬子和，那是梨園界出名的機靈人物，一聞此訊，連夜跑到宣武門外海北寺街八號葉家，於葉龍章當面商談，三言兩語之間便將公事談妥，立了合作契約，民國 27 年新正元旦，富連成給華樂唱了開臺戲。這年正月裏，廣和樓就沒有演戲，嗣後一年之內，始終沒有接進一個經常駐演的長班，廣和樓的夥計們終日毫無收入，人人叫苦連天。而做東家的王氏弟兄，又何嘗不是互相埋怨，最後還是大家公推王老五出來，負責收拾殘局，設法擴展業務。

王老五是王家少壯派中較為精明強幹的一位，他單名一個「敬」字，號叫慎之，辦事能力確乎超群拔萃，在接管業務以後，首先裁汰冗員，然後前後臺門窗戶壁，粉刷一新，只是畫棟雕樑工程浩大，無力加以油飾而已，但在彼時觀瞻上，已屬煥然一新了。他又於北平中華戲曲學校校長金仲蓀接洽，約該校進駐廣和樓長期公演。當時北平戲校適因原有地盤中和園被尚小雲新開辦的榮春社科班所佔據，恰值無家可歸的環境中，所以雙方一拍即合。不過戲校進廣和樓有個條件，就是要把前臺大池子裏的長桌板凳，一律改為長條座椅，面向臺口，以符合現代設備。王慎之一口應允，立即督工趕造，連同兩廊的座位也都改為靠椅，幾天之內改進完成，這是北平戲館子撤除舊式桌凳的最後一家。

袁世海愛護李世芳

提起袁世海，他是梨園行中最機靈的人物，他既久搭馬連良的扶風社，後來又為梅蘭芳配過《霸王別姬》，李少春組班，也必然少不了他的花臉，例如《野豬林》，魯智深一角便非他莫屬，北方戲劇同行都稱他為「不倒翁」，確非虛語。袁世海在科班裏的時候，最愛護他的師弟李世芳，平日噓寒問暖，無微不至，鼓勵李世芳每天聽梅蘭芳的話匣子，當時沒有電動唱片機，聽唱片就得用手搖，而唱上三五分鐘，又得再搖一回，袁世海就專門為李世芳搖留聲機器。

《霸王別姬》李世芳飾虞姬、袁世海飾霸王。

毛世來稱小小翠花

富連成第五科中李世芳被稱為小梅蘭芳，那是人人知道的，而還有一位小小翠花毛世來，可以和李世芳並駕齊驅，稱為一時瑜亮，並列為四小名旦。他也曾經拜過梅蘭芳，又先後列入荀慧生、小翠花之門。論去上海挑班演大軸子戲，還是毛世來先於李世芳，在黃金大戲院演出，相當受歡迎；但毛世來犯了一個毛病，也是梨園行引為大忌的，那就是犯上了一個「色」字。有一次，毛世來演《虹霓關》，東方氏舞雙槍，即是由於和臺下一位女客眉來眼去，情不自禁，一桿槍掉在臺下，後來造成了一段孽緣。這位女太太的女兒後來成為一位紅極一時的電影明星，而毛世來也從此就染上了鴉片煙癮，再沒有初出科時那樣的走紅了。

梅蘭芳收徒李世芳（左）與毛世來（右）。

富社包辦童伶選舉

　　民國 27 年，北平立言畫報舉辦童伶選舉，毛世來當選首席花旦，這可以算是毛世來的黃金時代。當時，李世芳當選為童伶主席。淨角第一名裘世戎，是裘盛戎的兄弟。丑角第一是詹世輔，當年與艾世菊兩人都是毛世來的輔弼，詹世輔應行文丑，艾世菊則多數來武的，成為毛世來出科後組班主要的綠葉。生角第一名是綽號「小老虎」的武生黃元慶。這一次等於富連成科班包辦了這一次的童伶選舉，雖然富連成花了不少錢，買立言畫報上刊出的選票來捧場，但還是捧本科班學生的場，這把算盤打起來還是打得通的。

立言畫刊評選出的「四小名旦」李世芳、毛世來、張君秋、宋德珠。

　　說起毛世來之失敗，還有一個例子，也是和富連成有關的。那是富連成成立三十五週年紀念，在北平長安戲院演出兩晚慶祝戲，頭一天晚上的大軸是譚富英（李克用）、遲世恭（程敬思）、毛世來（二皇娘）等合演的全部《珠簾寨》，當二皇娘面許李克用得勝回來有什麼好處後，毛世來忽然臨場開玩笑，加上：「富英，你活了大半輩子，這樣的樂子恐怕你也沒有經過幾次罷？」這話一說，臺下大嘩！譚小培父子當然不高興，論輩分，毛世來也不能叫譚富英的名字，豈但大不敬，簡直說得不是地方，目無尊長，恃寵生嬌，得意忘形，都是後來造成毛世來不能成功的原因。

第二十二章　內憂外患富社關門

富連成兩次合作戲

民國 12 年，是富連成社創立二十年紀念，當時由葉春善社長主持派戲，假座吉祥戲院演出一個夜場，全由已經出科畢業的學生演出。一共四齣戲，第一齣是四演《大白水灘》，由何連濤、高連甲、殷連瑞、沈富貴四演十一郎，駱連翔等四演青面虎。第二齣是《失空斬》，由譚富英演孔明，藝名小金鐘的王連浦演司馬懿，侯喜瑞演馬謖。第三齣是《烏龍院》，由馬連良演宋江，小翠花于連泉演閻惜嬌，馬富祿演張文遠。第四齣是全體武旦、武生合演的《大泗州城》。那天晚上就鬧出了一場風波，起因是葉老闆排戲的時候，把本工老旦、已經改應二路老生的曹連孝派了一個在《烏龍院》裏演馬二娘的角色。曹連孝一到後臺，就向蕭長華老師說：「我現在在外邊搭班，都是應的二路老生，以後我打算不再演老旦了，今兒為了母校的好日子，我陪富英演個《失空斬》的王平，反正這戲我是陪富英唱慣的。」蕭長華一聽曹連孝說得有理，當下准如所請，也報告了葉老闆。

葉春善還是舊腦筋，以為後邊的武戲重要，便把《烏龍院》的殺惜取消，單唱《鬧院》，那就不必上馬二娘啦。萬萬想不到《鬧院》下場，場面上嗩吶一吹尾聲，表示《烏龍院》結束了，臺下頓時起哄，先是交頭接耳紛紛議論，說什麼這麼一齣好戲，招了後邊，那就太對不起觀眾啦！其時舞臺上的《大泗州城》已經上觀世音，臺下觀眾一大半站了起來，大聲叫「觀世音下去！我們要看殺惜！」接著又是橘子皮、瓜子殼，甚至於茶壺、茶杯全扔上了臺，葉春善一看情形不對，馬上就吩咐管事的到臺上去向大家宣布，準備殺惜。一方面

蕭長華就吩咐剛扮演張文遠的馬富祿趕快洗臉,改扮老旦馬二娘上場。好在馬連良、小翠花都沒有卸妝;小翠花還有一個習慣,戲完以後,他總得在後臺休息上半小時一刻鐘才洗臉換衣服,因此不多一會兒就繼續上演《烏龍院殺惜》,風波因之平息,馬連良、小翠花在臺上格外賣力,反而這齣《大泗州城》變成虛應故事、名符其實的送客戲了!

《烏龍院》馬連良飾宋江、小翠花飾閻婆惜、馬富祿飾張文遠。

民國 27 年,富連成社創立三十五年紀念,其時葉春善社長已經去世,由葉盛章、葉盛蘭昆仲主持派戲,假座西長安街長安大戲院演出,由於角兒眾多,例如譚富英早已自己挑班,你要讓他演壓軸,衝譚小培這關就過不去;雖然葉盛章的弟弟葉世長(後改盛長)是譚五爺的女婿也沒有用,因此共演兩晚,第一天晚上三齣戲,第一齣是江世升等合演的武生戲《大白水灘》,第二齣是《黃鶴樓》,由葉盛蘭演周瑜,李盛藻演劉備,楊盛春演趙雲。第三軸就是譚富英(李克用)、遲世恭(程敬思)、毛世來(二皇娘)等合演的全部《珠簾寨》了。這裡還得附帶提一件事,譚富英他們是小三科的學生,都尊葉老闆為師,毛世來他們則是小五科的學生,都拜葉龍章為師,依照富連成的規矩,小五科的學生們見了小三科以上的學生不能稱師哥,要稱先生;好比毛世來在臺上抓哏,叫譚富英做師哥都不可以,何況提名道姓的叫「富英」,那就怪不得譚小培、富英父子都不高興了!

　　第二天晚上的戲碼，頭一齣是四位武旦——朱盛富、閻世善、班世超、王世祥合演的《大泗州城》，第二齣是《盜御馬、連環套、盜雙鉤》，由侯喜瑞演竇爾敦、高盛麟演黃天霸、葉盛章演朱光祖。其時，裘盛戎、袁世海尚未走紅，論輩分、資望，這戲都非讓侯喜瑞不可。有一次，袁世海也在人前稱侯喜瑞為師哥，便被侯喜瑞教訓一頓，說你不叫我可以，要叫就得叫先生，叫我師哥，我要是答應了你，那就變成我不懂咱們喜連成的規矩啦！大軸還是十五年前那出《烏龍院坐樓殺惜》，依然由馬連良、小翠花、馬富祿合演，這齣戲是珠聯璧合，百看不厭。

整頓內部發奮圖強

　　要說富連成的後人不能繼承先人餘緒，把富連成發揚光大，那可說得不對，葉家幾兄弟打老大葉龍章、老二葉蔭章（專司打鼓）、老三葉盛章、老四葉盛蘭起，一個個都想繼承家業，把富連成好好的辦下去。這裡可以舉出好些例子來，譬如富連成學生太多，曾經因為宿舍不敷應用，還租過小翠花的房子作為宿舍。當時，在富連成還興起一股學習之風，葉盛章拜王長林學玩藝，為了免得王老先生辛苦奔忙，還帶領眾學生上王府去登門學藝。富連成的紅生戲本來就不多，只得《戰長沙》《華容道》兩齣，後來經蘇連漢傳授葉世長，教以《古城會》與《水淹七軍》，由沈世啟配演張飛、周倉。因為培植李世芳，特別請喬蕙蘭先生教他崑曲、張采林先生教他花旦。要造就黃元慶的武生，黃本來是志興成科班的學生，原名黃志慶，幾乎所有的武行教師，自王連平起，無不「掏心窩子」出來教這頭小老虎（黃元慶小名）。

富連成學員演出的《三不願意》。

又譬如把十六名學生訓練好了，陪尚小雲演《漢明妃》跑竹馬，無一而非奮發向上之舉。前後一共置辦了四份戲衣箱，一份存在廣和樓後臺，後來搬去華樂。一份放在戲院前臺櫃房。兩份放在虎坊橋富連成總社，要是科班沒有前途，又何必動千上萬，置這麼多份的戲衣箱呢？

富社為了維持振興便多排新戲，多邀外班名角合作。左圖為葉盛章（左）與李少春（右）合作之《文天祥》。右圖為袁世海（左）與李盛藻合作之《青梅煮酒論英雄》。

富連成學員在大戶人家演出堂會戲。

內憂外患幾經掙扎

民國 31 年 9 月 18 晚上，亦是壬午八月初九晚上，北平華樂戲院因為隔鄰長春堂藥鋪起火，禍延近鄰，燒得片瓦無存，富連成存在戲院前臺、後臺兩副衣箱都燒完，這是對富連成第一個打擊。當時富連成已經在投觀眾所好，開始演彩頭戲，像《混元盒》《乾坤鬥法》《桃花女鬥周公》這些彩頭戲，切末、布景一齊燒完；但也有例外的，那就是二老闆葉蔭章一副鼓板，因為第二天華樂還有戲，所以葉蔭章就把這副板擱在鼓架子上，沒有帶回家。第二天早上，聽說昨兒晚上華樂著火，免不了要去看一看情形，一看戲院燒得斷瓦殘垣，不忍卒觀，可是葉蔭章那一副鼓板，卻還掛在鼓架子上，可見一飲一啄，莫非前定，正是萬般皆有命，一點不由人啦！

富連成在編排連臺本戲的時候，例如演出《混元盒》，還製造過梨園行向所未見的黃絮、綠滿，那些稀奇古怪的髯口，俱是前所未見的。中間還曾經幾番出過遠門，到上海天蟾舞臺演出，只紅了一個小武旦冀韻蘭，沒有什麼收穫。後來又去過東北，在瀋陽公益舞臺演出，前後達半年之久，那是民國 32 年的事情。

富連成學員李元瑞演出的《風流雙槍將》是楊萬青傳下來的一齣好戲。

糧食恐慌關門大吉

當時還在日本控制北方時期，糧食問題十分緊張，而富連成最大的支出便是糧食。有一個時期，教師學生全要吃一種玉米摻和雜糧的代用品，美其名曰共和麵，最後則連共和麵都沒有得供應了！其時，市況蕭條，晚上戒嚴，夜戲沒有人看，改演日戲，最後連日戲也沒有人看，整整一年，無戲可演。沒有收入，光是支出，那怎麼辦呢？租小翠花的房子付不出房租也退了。而糧食問題愈來愈緊張，於是富連成當局又想出一個無辦法中的辦法，即是將全體學生送回自己家中，實行只教戲，不供膳，每天學生在家中吃了午飯以後到科班學戲，等到天黑，學生個別回家。試想那些學生，貧苦的十居其九，來學戲只想圖個三餐一宿，將來還有前途，現在連飯都沒有得吃，便人心渙散，老師無心教戲，學生也無心學戲了！

當年北京「實報」刊登的一則「滬訊」報導了梅蘭芳義演，資助富連成一事。

和富連成經常作糧食往來的商號，名為大和恒，開設在北平前門外西柳樹井第一舞臺隔壁，那是戲劇家齊如山先生家的產業，由於富連成雖然是老主顧，可是處在這米珠薪桂的時期，每家糧食鋪全都貼上「非常時期，概不賒欠」的通知，於是延至民國 34 年，富連成科班雖盡力挽救，也無濟於事，便只得宣告壽終正寢，關門大吉了。

富連成作科全體學員的大合影。

附錄　富連成的結構和年表

一、富（喜）連成年表（1901～1948）

　　富（喜）連成是 20 世紀上半葉中國戲劇的一大科班，也是哺養京劇藝術發展壯人的一個搖籃，在中國戲劇發展史上佔有極其重要的歷史地位。但是，它所留下的檔案資料極少，幾如鳳毛麟角。就是部分（元、韻、慶）三科學員名冊，在「文化大革命」期間也被焚毀殆盡，更缺少一個較為詳細的年表。筆者根據唐伯弢先生在 20 世紀 20 年代撰寫的《富連成三十年史》（馬連良先生在 20 世紀 40 年代曾提供給出版家沈葦窗先生的孤本）、包緝庭先生所撰長文《富連成興衰四十年》（斷續刊於香港《大成》雜誌）、富連成第二任社長葉龍章先生所寫的《喜（富）連成科班的始末》（見政協文史資料研究委員會編《京劇談往錄》）和劇史家周志輔先生手寫本《京戲近百年瑣記》，以及蕭長華、尚小雲、袁世海等親歷者們的回憶文章，依年代順序整理出一個簡略年表，聊補是闕。其中難免掛一漏萬，多有舛錯。附之如下，僅供研究者參考。

1901 年〔光緒二十七年〕

　　彼時，北京方剛經歷八國聯軍活動，清政府與眾列強簽署了議和大綱，市面初定。

　　吉林富商牛子厚囑託盔頭周邀請北京二簧班伶工首次赴遼演出。所去伶工人數較少，不敷支配。

1902 年〔光緒二十八年〕

　　牛子厚再次遣人賷金相邀，由盔頭周之子承辦，復邀春臺班後臺管事馮惠林協辦。應聘者有皮黃演員姚增祿、范福大、劉春喜、范福泰、葉春善諸君及秦腔演員十二紅、達子紅、崔靈芝等，計 20 餘人，一同乘火車赴吉林。

　　葉春善字鑒貞，原籍安徽太湖縣人。出身梨園世家，祖父葉中定，工文淨，在程長庚三慶、四喜班演戲頗負盛名。父葉中興，工文武小生，亦在四喜班獻藝，不幸中年病故。春善為小榮椿班弟子，與楊小樓、蔡榮貴、程繼先諸人一同就教於老伶工楊隆壽門下，工老生，兼長旦、淨、末。可謂崑亂不擋，六場通透。此行因旅途勞頓，天氣寒冷，致使喉嚨啞，不能登臺。春善意欲退還包銀，隻身北返。牛子厚誠懇挽留，聘為後臺管事。葉春善辦事盡心竭力、謙恭職守，頗受牛子厚器重。自此二人締交。

1903 年〔光緒二十九年〕

是年三月，牛子厚勸葉春善組織科班，出任社長，集徒授業。以期他日成材，戲班往來京遼演出方便。牛氏自任為東，負責投資。葉春善為人謹慎，唯恐不能勝任此託，婉言辭謝。

入冬，日、俄兩國交惡，在東北開戰，吉林市面蕭條，人心慌恐。牛子厚給川資，助所邀諸伶北返。行前，牛子厚與葉春善徹夜長談，再次言及組織科班一事，語極懇切，對春善表明心跡說：「此非為圖利益，實為助君成就一番大事業。」葉春善為情所動，承諾回京後視勢而為。歲末，春善返京。

1904 年〔光緒三十年〕

春節剛過，葉春善復接牛子厚函，促其實施前議。春善深鑒知遇之情，著手承辦科班。最先招收了武喜永、陸喜明、陸喜才、趙喜魁、趙喜貞、雷喜福六個弟子。

隨後，向內務府昇平署委任的精忠廟老道處辦理註冊登記手續。自此，科班正式成立，最初定名「喜連升」，不久又改名為「喜連成」。社址設在北京琉璃廠西南園葉春善寓中。

開辦之初，屋僅三間，院僅數丈，白手起家，一切從簡。葉春善自任師傅，一切雜役均由夫人及弟葉雨田操持。而牛子厚所匯開辦費白銀二百八十兩從未支用。

及夏至秋，又陸續招收學員十幾名，並在原址附近另租一所小院，作為授課之所。葉春善特邀金蘭盟友蕭長華、蘇雨卿、宋起山、唐宗成、勾順亮、蔡榮貴諸君，蒞社義務執教。

1905 年〔光緒三十一年〕

此時，喜連成科班已成格局。幾位名師各有所長，葉春善教老生，蘇雨卿教青衣，宋起山教武功，唐宗成教場面，蕭長華多才多藝，以排戲為主，兼教全行。

先期入科的幾位弟子極有進步，雖然能戲不多，但已小有名氣，喜連成科班名播都門。此時，已有內行子弟入科學藝。

是年春季，科班開始應演「行戲」。第一次出演是在前門外東珠市口南，東大市南藥王廟的瓦木匠的「行戲」，小試身手，初戰告捷。隨後，又與某秦

腔班一起承應前門外某宅的一場堂會。這都是喜連成科班最初對外營業性的
演出活動。

1906 年〔光緒三十二年〕

喜連成學員漸次學成，技能日進，劇目增多。於是，一邊排戲，一邊謀求
舞臺實踐和對外演出機會，所應「行戲」和「堂會」的演出不斷增多。

秋，應外埠之邀，全班赴保定洞陽宮火神廟廟會獻演一月。師生住在廟內
後臺，頭晚排戲，次日演出。加之學員演戲齊整認真，別開生面，在保定頗得
好評。此為喜連成第一次外埠之行。

歸來，應大柵欄門框胡同同樂軒之邀演出日場。這是喜連成進入劇場之
始，成績頗佳，喜連成開始有了營業收入。

至年底，學生日眾，舊社址已不敷使用，於是，租用了宣武門外西河沿前
鐵廠四號為新址。新址房屋二十餘間，場院亦大，適合練功排戲。

1907 年〔光緒三十三年〕

喜連成社日益完善。第一科學員達 73 人。排戲日多，且多群戲、武戲。

是年，喜連成復約伶人李壽山、李慶喜、勾順亮等與在科學員一起演出於
前門外廣和樓，繡幕開啟，一炮而紅。從此，無冬歷夏，場場爆滿。業務之紅
火，長達一年之久。喜連成就此名聲大噪。

夏月，牛子厚來京專程視察喜連成，在京住了一月，看了喜連成二十多場
戲，十分滿意。嘉獎全社教職員工和全體學員。並擴大投資，置辦行頭，增聘
教師，施行月薪、分紅制度。全社師生精神益振，戲越演越好，業務越來越盛，
收入日漸豐盈。

同年，喜連成開始招收二科學員，同時也招收了一批帶藝入科的學員，其
中有周信芳、梅蘭芳、貫大元、林樹森、董岐山等，給科班錦上添花，也增加
了更大的活力。

1908 年〔光緒三十四年〕

丁連升先生給學員排練武戲《八大拿》；

年初，喜連成移師前門大柵欄廣德樓演出，業務更佳，場場爆滿。

冬十月，光緒帝與慈禧皇太后相繼賓天，大辦喪儀。舉國禁止娛樂，禁動
響器，禁止唱戲。喜連成停止了廣德樓的業務，部分學員回家休息，部分留在

科中繼續排戲。

如此只出不進，經濟拮据，長此下去，難以維繫。社裏遂請人說項，擬帶學員前往上海闖闖碼頭，見見世面。正在籌措期間，政府宣布丁服解禁，准許「說白清唱」。於是，上海之議撤銷，復在廣德樓恢復日場演出。

1909 年〔宣統元年〕

宣統帝愛新覺羅‧溥儀登基。

喜連成業務恢復正常，繼續招收二科學員，吸收連字輩學生三十多人。擴大社址，又將前鐵廠八號的二十多間房屋租來使用。增聘教師譚春仲、楊榮壽、徐天元等。蕭長華開始編排八本《三國志》和全本《雙鈴記》。

演戲則以頭科學員為主。常演劇目如王喜秀的《太湖山》《嘉興府》《李陵碑》《戰太平》《失街亭》，元元旦、律喜雲的《馬上緣》《雙搖會》等，都有很大的號召力。

1910 年〔宣統二年〕

雷喜福、王喜秀、趙喜魁、雲中鳳、康喜壽等主演的八本《三國志》，元元旦（高喜玉）、小百歲（耿喜斌）、侯喜瑞、王喜樂、閻喜林等主演的全本《雙鈴記》在廣德樓輪番上演，十分轟動。

葉春善聘請徐寶芳先生入社專教小生；蕭長華排演《梅玉配》。

此外，趙喜奎、雲中鳳、康喜壽等還分包出演於西單牌樓春仙茶園及東安市場丹桂茶園。

是年，二科學員嶄露頭角，馬連良的《四進士》《十道本》《借東風》《宮門帶》，小翠花（于連泉）排演《梅玉配》，何連濤、駱連翔、鍾連鳴、高連甲、殷連瑞等人的武戲，皆受觀眾熱烈歡迎。

喜社引進坤角兒小靈芝、小飛英、孫月秋、金鳳仙、于紫雲、于紫霞、小翠喜、明月英等，以充實力量，迎合時尚。蕭長華為明月英等排《宦海潮》。

1911 年〔宣統三年〕

喜連成的演出進入成熟期，邀演堂會戲的合同迭次不斷。

10 月 10 日，武昌打響第一槍，辛亥革命爆發。

時逢革命初起、春秋易鼎之交，人心浮動，市面蕭條。百姓風聲鶴唳，唯思自保，無心看戲，喜連成的演出業務一度不振。

接著，又逢曹錕操縱壬子兵變，喜連成停止演出，學員各自回家，留校人員亦在惶恐不安之中度過。月餘，市井始安，喜社學員陸續返校，排戲、演出漸次恢復。

歲末，牛子厚經營的商業虧損嚴重，加之家庭糾紛，已無心再辦科班。便親自來京，要將喜連成無償轉讓葉春善。葉春善固辭不受，且不忍牛家虧空過甚，遂經蘇雨卿先生介紹，由外館沈玉亭、沈仁山兄弟接收承辦。沈氏昆仲喜愛京劇，認為這一科班前途無量，故此議一拍即合。沈氏答應接辦，代牛氏還清債務，正式入主為東。

1912 年〔民國元年〕

1月1日，孫中山在南京就任中華民國臨時大總統。民國建元。

2月12日，清室發布退位詔書。

田際雲、楊桂雲、余玉琴等發起組織正樂育化會。

喜連成社改名「富連成」，沈氏兄弟為東，葉春善仍任社長。沈家指派賬房先生一人來社參與管賬，並出資購置戲裝、道具等。

農曆七月十三日富社祭神之後，轉入前門大柵欄三慶園演出，以武戲見長，極受歡迎。由搭班的坤角于紫雲、明月英、小翠喜等演出本戲《雲羅山》。

蕭長華給頭、二科學生排演全部《目連救母》，則由遲喜珠飾劉清提、程連喜飾目蓮僧、小百歲的丫頭、蘇連漢的閻王、何連濤的大鬼，紅極一時。

1913 年〔民國 2 年〕

富連成再度招生，富字輩學員陸續入科。

依照民國政府之規定，富連成向北京警察廳重新辦理了註冊手續，並向警察廳呈報了富社花名冊和內部組織情況。

老伶工王福壽、董鳳岩教授《武文華》《大神州》《武當山》等武戲。

民國初立，政府推行新政，北京各戲園重禁男女合演，同時對一些荒誕不經的鬼戲、有傷風化的粉戲明令禁演。富社的《五鬼捉劉氏》《十二紅》《陰陽河》等也遭禁止。

冬季，廣德樓前臺主持到富社說項，邀請富社重返廣德樓。

1914 年〔民國 3 年〕

新年一過，富社便在廣德樓開鑼，每日演出日場戲。

劉榮升搭班富社演戲；羅燕臣給學員排演燈彩戲《骨牌燈》，別有新意。

富連成為永定河水災義演《賣油郎獨佔花魁》，從頭本《反汴梁》演起，四本一夜演完。

直到臘月二十日富連成在廣德樓封箱，結了合作。復與前門外肉市廣和樓簽訂了長期演出日場的合同。此後，富社就一直在該園演唱，雙方合作了 24 年，從未間斷。

1915 年〔民國 4 年〕

新春伊始，富連成開始在廣和樓演出。此時，大三科富字學員多已成材。沈富貴、尚富霞、茹富蘭、茹富蕙、吳富琴、邱富棠名聲大噪，已成臺柱。高百歲搭班富連成。

馬連良出科後，曾應邀去福建演出一年，返京後又重新加入富連成演出，此時可謂同袍築陣，錦上添花。富連成營業收入日增。

新聘趙春瑞入社，教授全部《精忠傳》。

葉春善、蕭長華、蔡榮貴等教師為新學員重排《三國志》《四進士》《五彩輿》等大型本戲，頗得觀眾好評。

同年，又招收帶藝入科學員數人，其中有老生李榮升、宋春生，女老生明月英，花旦小菊花，武生九齡童。小三科富字輩學員譚富英、張富良、劉富溪、陳富瑞、杜富興、杜富隆和葉龍章（即葉富和）等三十餘人入科。

富連成採用不漲票價的經營策略以應對同業競爭。

1916 年〔民國 5 年〕

喜字輩學生陸續出科，有的留在本社演戲，有的在本市搭班，有的去外埠演唱。

根據北京警察廳總監吳炳湘之令，取締藝人在舞臺上表演危險的動作「爬欄杆」，富社首先響應，在《四傑村》《花蝴蝶》等武戲中率先取消了這類技巧動作。

舞臺上由連字和富字輩學生擔任主演。小翠花、馬富祿、蕭連芳成材，蕭長華為他們再度排演《雙鈴記》（即《馬思遠》）《梅玉配》等戲，演出亦盛極一時。

趙春端教授大三科學員「黃派」武戲《劍峰山》《獨木關》《鳳凰山》等。

1917 年〔民國 6 年〕

經退庵居士介紹旗籍子弟清太子太保延文烈公之孫杜本沅（富興）、杜本匯（富隆）入富社學戲。

富社學員仍演出於廣和樓。由二科連字輩及大三科學員為主，小三科亦陸續登臺演出。老生張連福、小俊卿，武生殷連瑞、何連濤、高連甲，武旦方連元、劉連湘、張連芬，花臉蘇連漢、王連奎、王連浦，青衣李連貞，花旦于連泉、小荷花，三科茹富蘭、茹富蕙、沈富貴、邱富棠、馬連昆、譚富英諸人皆負時譽。所演之戲，以《武家坡》《二進宮》《得意緣》最為稱著。

是年，二科學員馬連良、李連貞、趙連華、宴連恭、趙連成、陳連洪、高連登、李連英於舊曆二月初九滿科。馮連恩於舊曆二月二十八日滿科。馬富祿於舊曆五月二十八日滿科；楊連森、王連浦於舊曆七月二十七日滿科；趙連陞於舊曆八月初六日滿科；于連泉於舊曆十月二十一日滿科。

是年舊曆二月十二日，譚富英入科。

由於師資的缺乏，富社從老學員中提拔教師參與科班管理，他們是王喜秀、雷喜福、侯喜瑞、劉喜益、金喜棠和劉連湘六個人。

冬季，陸續招收大四科盛字輩學員入科。

1918 年〔民國 7 年〕

尚富霞於 2 月 2 日由譚小培介紹入科學戲。

二科學生老生於連佩於舊曆三月十九日滿科；花臉馬連昆於舊曆三月二十日滿科；老生高連峰於舊曆四月十五日滿科；青衣高連第於舊曆四月二十日滿科、武旦方連元於舊曆八月二十八日滿科。武生姚富才於舊曆四月初二滿科。

著名武生教師丁俊來社，教沈富貴、茹富蘭等人武戲。

這一時期，富連成的演出多以武戲為主，其他科班均無出其右者。

1919 年〔民國 8 年〕

富社大三科排演八本《鐵冠圖》，由戰岱山起至吳三桂請清兵止。因有大跑竹馬，開打火熾，十分叫座。每月可連演一兩次，上座踴躍。

王連平執教小三、大四科武戲。

本年以譚富英、尚富霞、茹富蘭、茹富蕙、馬富祿、沈富貴為臺柱，小三

科杜富興、杜富隆、程富雲、陳富瑞等亦成材。大四科盛字輩學員也隨之相繼登臺，其中孫盛輔、趙盛璧嶄露頭角。

1920 年〔民國 9 年〕

社中事務與上年略同。仍由喜字、連字、富字、盛字四班學員輪流演出，營業極盛。

三科學生武生沈富貴於舊曆三月初十，武淨韓富信於舊曆三月十三日、錢富川於舊曆三月二十日、賈富通、董富申於舊曆三月十一日，陳富康於舊曆十月二十七日滿科。

1921 年〔民國 10 年〕

9 月底，科班出資購置虎坊橋路南房屋四十餘間，全社師生一併遷入。前院為辦公室、賬房和畢業搭班學生住宿的地方。後院添罩棚、臺板，作為練功、排戲和學員住宿之所。

是年，馬連良與畢業生茹富蘭、茹富蕙兄弟、馬連昆、諸連順等離科他去。武旦邱富棠於 12 月 19 日、劉富詩於舊曆二月初一滿科。

冬月，富社演出於新世界夜戲。

尚富霞、蕭連芳等排演八本《得意緣》，雷喜福、蕭連芳演出《四進士》，頗受歡迎。

教師丁俊逝世。

1922 年〔民國 11 年〕

富字輩學生馬富祿、張富良等畢業離社。這時大四科學生最為吃重。

老生孫盛輔，旦角王盛意、陳盛蓀、仲盛珍、許盛玉，淨角沈富瑞、榮富華，武生趙盛璧、李盛斌，武花臉韓盛信、韓盛晏，皆為社會歡迎。但是，每場大軸武戲，依然由二科何連濤、駱連翔、段連瑞等輪演。

1923 年〔民國 12 年〕

富社業務情況同上，營業依然十分紅火。

富社在吉祥園舉行立社二十週年紀念演出。全部由出科學生獻藝，戲碼是：何連濤、高連甲、殷連瑞、沈富貴四演《白水灘》；譚富英、王連浦、侯喜瑞的《失空斬》；馬連良、小翠花、馬富祿的《烏龍院》；最後是全班合演的

《大泗州城》。

譚富英、青衣唐富堯於舊曆二月十二日滿科。

王連平用四個月的時間，給大四科排演八本《七俠五義》，陳富瑞演盧芳，韓盛秀的韓彬，李盛佐的徐慶，許盛玉的丁月華，孫盛文的包公等，人才濟濟，十分成功。上座頗有號召力。

王連平為此戲個人出資印發傳單，開富社宣傳之先河。

1924 年〔民國 13 年〕

直奉戰爭起，業務日衰。但收入尚可，並無虧損。

花旦尚富霞於舊曆八月初九提前出科；花臉陳富瑞滿科。

葉春善允演《連營寨》，孫盛輔演劉備，趙盛璧演趙雲。

是日，葉春善後臺抓賭，跌傷左足。

1925 年〔民國 14 年〕

老生李盛藻、葉盛章、葉盛蘭、高盛麟、劉盛蓮、裘盛戎、孫盛文等已露頭角，開始登臺主演。

杜富興、杜富隆於 1 月 14 日滿科，離社他就。

1926 年〔民國 15 年〕

因北伐戰事影響、市面混亂，軍人聽戲不買票，致使富社營業大衰。

2 月，應東安市場吉祥園經埋傅佩之之邀，開始在吉祥戲院加演夜戲，以資彌補收入。

1927 年〔民國 16 年〕

小四科學員已成臺柱，排演新戲《宦海潮》《三俠五義》等，聲譽再振。

雷喜福、孫盛輔與馬連昆在大柵欄三慶戲院組班，富連成子弟多被約去助演，但是曇花一現，未見其佳。不久便宣告散班。

青衣陳盛蓀於舊曆七月滿科。

1928 年〔民國 17 年〕

老生雷喜福脫離富社，赴天津搭班演出。接著，孫盛輔、趙盛璧亦相繼離去。

　　但李盛斌、貫盛習、劉盛通、葉盛章、蕭盛萱、葉盛蘭、楊盛春、李盛藻、仲盛珍、高盛麟、劉盛蓮均成氣候，富社的演出日炙。

　　是年，由許德義、郝壽臣、侯喜瑞、葉春善、朱文英、王長林、王琴儂等50人發起成立北京梨園公益會，取代了正樂青化會。

　　同年，中華民國政府首都由北京遷往南京，北京改為「北平特別市」，並開始籌備成立專門的戲劇審查機構——北平市戲曲審查委員會。10月，頒布《章程》規定，委員會審查劇目的標準是：提倡富有民族意義者、描寫社會生活富有感化力者、能增進民眾一切知識者；取締那些違反「黨義」、有傷風化、違反事理人情者。凡屬應提倡的，予以獎勵，凡屬應取締者則令其加以修改，或處以罰金，直至令其停演。其宗旨是：力謀改善社會風化及輔助教育。

1929 年〔民國 18 年〕

　　花旦仲盛珍不幸早逝。他所演能戲皆為劉盛蓮承繼，並由葉盛蘭、葉盛章等人相助，演出《雙合印》《馬思遠》等戲。富社每天准演的三齣武戲，仍由二、三科畢業生助演，營業紅火。

1930 年〔民國 19 年〕

　　本年應東安市場吉祥園之邀，每星期三、四兩日在該園固定演出夜場，上座甚佳。葉盛章、劉盛蓮、袁世海、孫盛武、李盛藻、葉盛蘭、陳盛蓀、孫盛文、裘盛戎最愛觀眾歡迎，是為富社鼎盛時期。

　　冬季應天津春和大戲院之聘，赴津演出半月，成績亦佳。期滿後，天津各界挽留甚烈。

　　本年又排新劇《洞庭湖》《登臺哭客》等。

　　復應北京哈爾飛戲院之聘，於每星期六、日，在該院演出夜場。

1931 年〔民國 20 年〕

　　3月18日赴天津演唱兩星期，成績斐然。3月14日載譽而歸。

　　6月，上海杜月笙舉辦杜祠落成典禮，南北名伶齊聚滬上，演出三天精彩大戲。其中，富連成教授及其培養出科或曾經帶藝入科進修過的大角，就有十多人，他們是：蕭長華、梅蘭芳、周信芳（麒麟童）、貫大元、馬連良、劉連榮、于連泉（小翠花）、譚富英、馬富祿、葉盛蘭、袁世海。

9月，富連成在沈秀水先生提倡下，開始增設教育科。「先令一年班學生於每日一律上課兩小時，授以國語、常識等。即自今起，定為永久必修科目。至其他將近畢業及已經畢業者，雖其迫於種種困難，亦為之多設一特別班。得每日自由選定一小時上課，分別授以國語、常識、千字文課等。以資補救。」

1932 年〔民國 21 年〕

本年起，每逢星期一、二兩日在哈爾飛戲院演夜場，星期六、日在華樂演夜場。而白天仍在廣和樓出演。堂會戲的演出較往年為少。

出科的學員中除駱連翔等十數人外，多已離班他往。此時以四、五兩科學生最為吃重。老生以李盛藻、王盛海、張盛祿、沙世鑫、遲世恭、俞世龍，武生以駱連翔、沈富貴、蘇富恩、李盛斌、楊盛春、高盛麟、孫盛雲、江世升，花旦以劉盛蓮、李世芳、毛世來，青衣以陳盛蓀、富世蘭，淨角以袁世海、孫盛文、韓盛信、宋富庭、裘世戎、譚世英、沈世起、馬世嘯、陳世峰，丑角以孫盛武、貫盛吉、羅盛公、華世麗等人，最為著名。

再次新排《五彩輿》《安天會》等戲，大受觀眾歡迎。

冬月，李盛斌、葉盛蘭等相繼離社。

是年，袁良任北平市長，提議成立戲曲審查委員會。10 月 4 日擬定《北平市戲曲審查委員會規則》，經北平市政府第 176 次市政會議通過。

11 月 1 日，北平市戲曲審查委員會正式成立，隸屬於北平市社會局。會址設在社會局所在地（集靈囿）。第一屆委員會聘任吳曼公、張毓麟、蔡霖、彭庚良、李靜澄 5 人為常務委員。委派社會局第一科文書股主任陳元章為主任事務員，郭汝年、連德惠、王禧戊、楊景桂、王桂增、陳保和、濮思畷、鄧繼、劉桂瀛、陶容海、柴景曦等 11 人為事務員。仍由市政府、公安局、社會局擔任上述相應職務者組成。

戲曲審查委員會對戲劇的審查包括劇本和演出兩個方面。凡在北平新上演的劇目，不論是新編劇目，還是根據舊劇新排的劇目，都要由該劇表演團體的負責人和劇場經理將劇本送交戲曲審查委員會進行審查，提出備案申請和演出申請。嚴禁「誨淫誨盜、色情兇殺，有悖淳正風俗」的戲目上演。

富社經常演出的《雙鈴記》（《馬思遠》）《雙釘計》《雙沙河》《大嫖院》《殺子報》《五更大》等戲，均被政府明令禁演。

1933 年〔民國 22 年〕

應山東省主席韓復榘之約，富社盛字輩和一些連字輩的畢業生去濟南演出，共演一個月，甚為成功。

中途葉春善患腦溢血，半身不遂，送返北京。彼時，社中業務由蕭長華、唐宗成、張海波等掌握，濟南演畢回京。

葉春善返京後，請名醫孫君用針灸法治療，不久漸愈，照常去社主持日常業務，但已力不從心了。

四科學生高盛麟滿科。

袁良市長禁演「淫戲」，將演出《拿蒼蠅》的「評劇皇后」老白玉霜驅逐出境。北平各團演出劇目再次整肅，富連成的《借茶》《活捉》《蕩湖船》《絨花計》等劇目自動停演。

在富社的協助下，唐伯弢編撰《富連成三十年史》一書。

同年，「四大名旦」之一尚小雲見富社式微，遂自告奮勇，主動來社協助排戲、教戲。親自給李世芳、毛世來等人排了私房戲《金瓶女》（即《佛門點元》)《娟娟》《崑崙劍圖》，又給葉盛章、李世芳、毛世來、袁世海排演《酒丐》，且由蕭長華、王連平等助演，一經上演，轟動一時。連演數十場，上座不衰。

1934 年〔民國 23 年〕

2 月 19 日，蔣介石在南昌發表了題目叫《新生活運動之要義》的演講，國統區的「新生活運動」序幕由此拉開。

3 月 11 日，「新生活運動促進會」成立。為確保「新生活運動」在全國順利進行，國民政府要求各省市政府查禁與「新生活運動」精神不相吻合的圖書和戲劇。

3 月，《中國京劇史》作者徐慕雲所呈《改良中國戲劇意見書》，深得北平市市長袁良重視，文中不僅提出對舊劇內容進行嚴格審查，對劇場進行整肅，對藝人的培養和教育等問題，也提出了積極建議。此後，北平市社會局所舉行的一系列座談會上，富連成亦派教師代表參加，並積極響應政府「改良戲劇、糾正人心」的號召，主動清理劇目，淨化舞臺。

5 月，北平市社會局頒布《關於禁演表情猥褻有礙風化的戲劇通知》；

6 月，北平市社會局頒令《成立劇社及新編劇本應呈報該局核准備案後方

准公演，劇社解散亦應呈報備考》；

學員李世芳拜尚小雲為師。

北平市社會局要求富連成在排戲、演出中，與其他演出團體一樣，也要認真地執行以上文件和《通知》。為此，富連成對演出劇目也施行了自查自禁，將部分有異議的劇目如《大嫖院》《思凡下山》等，暫時停演，待批。

在富社的資助下，唐伯弢編撰的《富連成三十年史》一書出版。

秋季，鑒於葉春善的病情，經財東沈秀水和蕭長華先生提議，將葉春善之子，28 歲的葉龍章從東北召回（彼時葉龍章已改行轉業，在東北軍當軍需官），委其協助管理社中事務。

元字輩學員相繼入科。

1935 年〔民國 24 年〕

葉春善舊疾復發，體力日減，漸不能理政。原擬提名王連平代理社長。奈何王已赴滬他就，此議遂罷。社東沈秀水及社中元老蕭長華、宋起山、唐宗成、郭春山共同提議由葉龍章繼任社長。葉氏父子再三辭讓不得，遂在沈秀水主持下，於虎坊橋總社舉行了新社長就職典禮。葉龍章正式就職。

夏初，沈家因銀號虧空，導致破產抵債。因富連成科班係在沈姓名下，社中財產包括戲箱、虎坊橋路南住房一律被法院查封。戲箱作價一萬拍賣。富社無法開戲，教職員工和全體學員暫時放假回家。

沈秀水與富連成解除東主關係，此後，富社為葉氏所有，自負盈虧。

葉春善賣掉自家一所房屋，將戲箱贖回，招回學員繼續演出。

彼時，李盛藻去上海演出，同去者有陳盛蓀、劉盛蓮、楊盛春等，社中演出主力銳減，營業見衰。但小五科學生李世芳、毛世來、詹世甫等均已成材，頗有人望。大軸以武戲為重，由葉盛章、葉連翔等演出《盜甲》《巧連環》《請清兵》等，業務收入仍能維持日常開支。

7 月 14 日學員江世玉滿科。

秋季，世字輩的畢業出科，但大多數仍然留在科中演出。其中，李世芳、袁世海的《霸王別姬》最為轟動。報刊上，李世芳已有「小梅蘭芳」之譽。

韻字輩學員開始入科。

冬月，葉春善病重無醫，溘然長逝。科班停演 10 天，在京的劇壇名伶均親自前來弔唁，喪事辦得至為隆重。

1936 年〔民國 25 年〕

元月，葉龍章正式掌管富連成社一切事務，且由三弟葉盛章協助執教，二弟葉蔭章協辦社務。蕭長華先生更是傾心相助，事無鉅細，竭力扶持。

富社出資購置虎坊橋路北 45 號房子一大所，即如今之晉陽飯店，相傳此宅為清《四庫全書》總編輯紀筠的舊居「閱微草堂」。又添置排戲罩棚、臺板和設備，部分房屋改成宿舍。

社中著手改革管理、除弊興利，如調整作息，集中家屬探視時間，定期召開家長會議；建立教師每月一次學術座談會制度，以進行業務交流，提高教學質量等。

聘請律師蔡禮任富社長年顧問。

約請某醫院為富社囑託醫院，方便師生看病就診。建立了定期檢查身體和講究個人衛生制度，並開闢淋浴室一間，供師生使用。

是年，北平市政當局以北京梨園公益會未經登記，責令改組。

7 月，正式成立北平梨園公會。選出楊小樓、尚小雲、于連泉、荀慧生、程硯秋、梅蘭芳、余叔岩、譚富英、馬連良、高慶奎、王又宸等 15 人為董事。周瑞安、侯喜瑞、程繼先等 15 人為候補董事。

是年春末，梅蘭芳先生自滬來京，親到虎坊橋富社探望，且向葉春善社長致哀，並觀看了李世芳演出的《霸王別姬》和《醉酒》兩劇，甚喜。經齊如山先生出面，提出要收世芳為徒。富社喜出望外，並特選出學員毛世來、李元芳、劉元彤、張世孝與李世芳一起拜梅為師。梅蘭芳滿口答應。遂在絨線胡同國劇學會禮成。在京名伶皆出席盛會，觀瞻祝賀。

秋季，北平《立言畫刊》舉辦童伶選舉活動。富社、中華戲校、《實報》《實事白話報》《北京晚報》《戲劇報》積極參與。投票期為半月，開票之際，傾城轟動。李世芳以最高票數當選「童伶主席」，「旦角冠軍」毛世來，亞軍宋德珠；王金璐為「生部冠軍」，亞軍葉世長；裘世戎為「淨角冠軍」，亞軍趙德鈺；「丑角冠軍」詹世輔，亞軍殷金振。揭榜後，富連成召開慶祝大會，各界來賓兩千多人。當晚在華樂戲院舉行加冕典禮。李世芳、袁世海演出《霸王別姬》。

接著，《立言畫刊》又舉辦了「四小名旦」的選舉活動。選出了李世芳、毛世來、張君秋、宋德珠為「四小名旦」。四人聯袂在長安戲院和新新戲院演出了《白蛇傳》和《五花洞》，以示慶賀。

1937 年〔民國 26 年〕

是年，葉盛章、葉盛長出科，自組金升社劇團，獨立演出。

世字輩學員亦大部分出科。李世芳在姚玉芙的幫助下亦獨立成班，袁世海、張盛利、賈世珍追隨而去，且以梅劇團人馬為之配演，營業極佳。

富社則以沙世鑫、於世文、張世孝及元字輩的譚元壽、李元芳、劉元彤、黃元慶等為主力，仍舊在廣和樓獻演，業務尚可。

7 月 7 日，日軍發動盧溝橋事變。

7 月 21 日，日軍攻佔了北平城。日偽政權將北平市社會局改稱北京特別市社會局，依然負責對文化市場管理和對戲劇演出的審查工作。嚴格禁止有「宣傳愛國、反日抗暴」內容的戲劇上演，如《岳飛傳》《八大錘》《抗金兵》《蘇武牧羊》《梁紅玉》等，一律禁演。

富連成的傳統劇目《挑滑車》《請清兵》《洪母罵疇》等戲，也都自動停演了。

秋冬兩季，營業不佳，致使富連成常到他處演出。因之漸與廣和樓東主發生矛盾，且愈演愈烈，終至破裂。富社於年底演罷封箱，從此結束了二十多年的合作。

富社與鮮魚口華樂園締結演出合同。

1938 年〔民國 27 年〕

元月 1 日，富社在華樂園開鑼演出。

3 月 3 日，花旦毛世來出科。8 月 21 日，李世芳出科。同月，裴世戎、劉世蓮、唐世輔、余世澄、蘇世詹等亦出科。

富社在長安戲院舉辦立社三十五週年紀念演出。第一晚，江世升等合演的《大白水灘》，葉盛蘭、李盛藻、楊盛春的《黃鶴樓》和譚富英、遲世恭、毛世來等合演的全部《珠簾寨》；第二晚，開場是朱盛富、閻世善、班世超、王世祥合演《大泗州城》，第二齣是由侯喜瑞、高盛麟、葉盛章等合作的全部《連環套》；最後還是馬連良、小翠花、馬富祿的《烏龍院》。甚為轟動。

1939 年〔民國 28 年〕

日本侵略軍為了加強對北平的統治，實施奴化教育，開始進行文化檢查管制。日偽警察廳行政科、特務科和社會局三個部門主管劇場、演藝。他們對宣

傳愛國主義、反抗侵略內容的戲劇全面予以禁演。富連成的拿手好戲《精忠傳》《哭祖廟》《岳母刺字》《挑滑車》《八大錘》等，幾乎全都掛了起來。而以前禁演的《雙鈴記》《雙釘計》《雙沙河》《十二紅》《滑油山》等，卻又演之無虞了。

3 月 23 日，遲世恭、諸世勤、諸世芬、於世文等出科。

1940 年〔民國 29 年〕

在日偽政權的統治下，官僚買辦、軍政特務無法無天，恣意橫行。時常借演堂會之名，凌辱演員、敲詐班社。北平特務科科長袁規，動用憲兵隊強迫譚富英為其女友配戲，以至譚富英大病一場。

富社忍辱負重，慘淡經營，堅持辦學、排戲、演出，收入勉強維繫開支。

元字輩部分學員嶄露頭角。韻字輩學員陸續入科。

王連平為世字、元字輩學員排演八本神話劇《混圓盒》，一經上演，反映甚佳。

1941 年〔民國 30 年〕

富社聘請閻嵐秋（九陣風）入社執教，教武旦開打及出手絕技，主要有《取金陵》《奪太倉》《金山寺》等。

聘名宿曹心泉教授崑曲和老戲《瘋僧掃秦》《馬鞍山》《伯牙捧琴》《焚綿山》等。

聘侯喜瑞教授文、武花臉，如《盜御馬》《取洛陽》《白良關》《下河東》《通天犀》《鎖五龍》等。元、韻兩科學生受益匪淺。

1942 年〔民國 31 年〕

日軍在北平市內加緊巡邏，軍警日夜出動，攪得人心惶惶，戲園營業蕭條，演出收入大減。

為了爭取觀眾，富社與華樂戲院議定改演「彩頭戲」。經理萬子和親赴上海，約來黃桂秋、蓋春來和製景師傅，排演的第一齣戲為《乾坤鬥法》，即（《桃花女三戲周公》）。由李元明、冀韻蘭飾桃花女，哈元章、劉元鵬飾演周公，公演之日人頭攢動、座無虛席，十分成功。該劇共為四本，從年初開始，每本連演兩個月，上座不衰。從此，每日夜場演「彩頭戲」，白天則唱傳統老戲。

7 月，排演神話應節戲《天河配》，戲中穿插機關布景，引人矚目，連滿

一個月之久。

8月，中秋前趕排應節戲《廣寒宮》。海報一登，戲票賣至一個月之外。

9月18日晚，長春堂藥鋪失火，累及隔壁華樂戲院，三個小時戲院全部被燒毀。富社全部戲裝、道具、彩頭布景一概焚毀。富社無法開戲，教職員工和學員回家待命。

葉龍章具呈法院，狀告長春堂老闆張子餘製藥不慎，導致火災，要求賠償。

10月底，法院開庭，檢察廳宣告起火原因乃長春堂與華樂戲院過道電線老舊，走火而致。富社不服，向高級法院提出上訴。後經警察局督察長吉世安多次調停，最終達成廳外和解，長春堂賠償富社10萬元，以補損失。

富社重新置辦戲裝、切末，並招回教職員工和學員恢復開課。

1943年〔民國32年〕

因華樂戲院修復工程未竣，富社暫在廣德樓演出夜戲。

年初，聘請高慶奎先生為藝術顧問來社指導。所有學員皆受教益，元、韻兩科學員聲勢大振。

葉盛章亦每日來社教戲，《巧連環》《盜鉤》《盜甲》《祥梅寺》《九龍杯》《打瓜園》等悉數傳授，對元、韻兩科學員極盡提攜。

是年，招收慶字輩學員數十人入科。

日軍已漸不支，市面不靖，經濟蕭條，特務橫行，劇場營業銳減。

社中伙食拮据，每日演出收入只夠維持生活。全體學員在蕭先生的領導下堅持練功，從不懈怠。

是年春，應東北演藝協會之約，部分人員去瀋陽北市場大舞臺及長春演出，訂約一年。因受日本特務欺侮敲詐，辭去長春之約，提前返京。

秋季，應上海天蟾舞臺之約，葉龍章攜部分學員赴滬演出，十分轟動。演出期間，富社與上海戲校舉行聯歡大會，互相觀摩，演畢載譽返京。

彼時，華樂戲院重建落成，由富社長期演出日場。夜場則分包，分別在西單哈爾飛劇場和長安戲院演出。當時以元字輩為主力，韻字輩也大部分參加，成績尚佳。

1944年〔民國33年〕

日軍連遭失敗，進一步加強對中國人民的鎮壓，致使民不聊生、百業凋零。

京中各戲班時常輟演，富社以票價便宜為號召，奮力支撐。

日軍已顯敗跡，加強軍事管制，一切物資調為軍需。糧食供應奇緊，米麵無從購買，人們開使吃混合面。加之，夜晚戒嚴，無法開戲。白天演出，亦漸無人看。富社師生艱苦掙扎，最終在收入全無的情況下，只好暫時歇班，學員各自回家待命。

1945 年〔民國 34 年〕

日本戰敗，8 月 15 日正式宣布投降。消息傳來，舉國歡慶。富社師生連演數天大義務戲，以為慶祝。眾人莫不認為光明在即，將來會有更大的發展。不想，接收大員相繼來京，巧取豪奪，敲詐勒索，使市面更加混亂。他們對藝人亦施盡手段，恣意盤剝，今日勞軍，明日慶功，多是無償演出，富社亦苦不堪言。

後來，又有大批軍隊擁入北平，他們看戲從不付錢，並且無端尋釁，有時還大打出手，搗毀戲園，致使無法正常營業。

10 月，北平市政府奉國民政府行政院令接管日偽北京特別市社會局。特頒《優待軍人觀劇辦法》，整頓文化市場。

是年，梨園公會再度改組，選舉尚小雲為理事長，沈玉斌、陳少霖為副理事長。不久，尚小雲因演出繁忙請求辭職，由沈玉斌接任。王瑤卿、蕭長華任監事。從精忠廟到梨園公會，名稱和負責人雖不斷更換，但行規不變。行規為會員必須遵守的行業準則，內容大致為：不許漁竿釣魚（將主演、場面挖走）；不許在班撕班（破壞團結、使班社渙散、垮臺）；不許臨場推諉（不接受角色）；不許在臺上起哄、笑場、陰人、錯報家門等。凡違反行規者「革除梨園」。

1946 年〔民國 35 年〕

梨園公會主席尚小雲去職。葉龍章、李萬春、葉盛章、於永利、白雲生、葉盛長七人任臨時理事，主持日常會務。

富社仍在維持，學戲、演戲，但規模已大不如前。

1947 年〔民國 36 年〕

葉龍章接辦富社 10 年，中間歷經磨難，身體精神日衰，時常養病在家。社中日常事務皆由二弟葉蔭章主持。

下半年，梨園公會換屆選舉，改稱京劇公會。新會長葉盛章，副會長沈玉

斌，常務理事李洪春、蕭盛萱、葉盛長、白雲生、沈玉才等。未久，因拒絕北平政府命令組織歡迎國大代表張道藩的義務戲，葉盛章被逮捕。

1948 年〔民國 37 年〕

北平解放前夕，國民黨日益腐敗，苛捐雜稅、民不聊生。尤其糧食供應困難，金圓券如同廢紙，戲院停演，科班無著，人心渙散。

蕭長華、王連平、蕭連芳、侯喜瑞諸教師相繼離社，各尋出路。

此時，韻字輩的學員均已出科，入社不久的慶字輩學員三十多名，有的投入榮春社科班繼續學戲，有的投師自去，也有的改行另謀職業。

自此，具有四十多年歷史的富連成宣告解散。

二、富（喜）連成科班內部組織

喜連成時稱科班，到富連成時稱富連成社，其內部組織分述如下：

（一）本社為社長制。班主（俗稱東家）只負責財政上供給，享受營業盈餘，一如普通商家之東家，不過問社中具體事務。

（二）社長之外，設各部門職員，輔佐社長總理社務，所司之事及其名稱如下：

1. 管事。管事直接輔佐社長辦理社務。但其所司事務，亦多因時因地而異。對社長之職務，有代理權。社長不在社內時，遇事得由管事相機處理。

2. 執事。執事俗呼治事，又名文武行頭，也係輔佐社長辦事的。但其權限有別於管事，只對臺上演劇負重大責任。監場（行話謂之「看場子」，指揮、監視演員在臺上演戲），催場（演員在後臺扮戲時，或有過早過晚的情況，執事恐其誤事，或催之迅速，或遏之使緩），皆執事之責任。餘如某戲宜令某人扮某角，某人司某事（指「搭架子」、「扮形兒」等而言），某戲宜自某處始，某戲宜至某處止，某場宜長（行話謂之「馬後」，即令演員在臺演劇時，不可速畢，以便後場角色扮戲），某場宜短（行話謂之「馬前」，即命演員速完之意），有時因時間關係，得減去一場或數場，俱由執事相機決定。一劇之用龍套、下手、英雄，官將若干，上下手宜多宜少，以及一切零碎角色或添或減，均由執事酌量辦理。有時戲中角色因故請假，或臨時未到，應以何人代替，亦由執事酌辦。執事有文武執事之分，文執事的職責偏重義戲，武執事則偏重武戲。

3. 經勵科。經勵科（俗呼「頭兒」）的職守有對內對外之別。對內，輔助

社長辦理事務，又為社長及社內一切職員間之司、雜役等。其職權與管事、執事有別，不管角色演戲。對外偏重交際，如在戲園演戲或堂會演戲，所有與前臺或演堂會本家之交涉，雖由社長及管事主持，但由經勵科傳達言語。這是經勵科的職責。如演戲與戲園辦賬（即算帳）時，由經勵科查點上座人數。

4. 教師。科班中的教師，對社中學生負傳授戲劇之責。教師長於哪一行當，即教適合這一行當的學生。有時一教師教數角，亦有數教師合教一戲的。教練武功的教師（行話謂之「看功），監視學生練習武功（如操手、跟頭、小翻）。

5. 會計庶務。會計員經管社中財政收支，開戲份，保管會櫃。庶務負責料理伙食，置辦什物。本社只派一人兼理會計庶務，設助理員一人輔佐辦事。

6. 教育班。設教育班，教授學生學普通課程如國語、三民（即三民主義）、算學、簡明歷史等。

7. 場面主任，俗稱「場面頭」。場面雖是另一行，但也歸戲班附設。每七人為一堂，即打鼓、胡琴、月琴、南弦（兼堂鼓）、大鑼、小鑼、水鈸等。富連成的場面有三、四堂之多。場面主任經管場面用人行政，負場面全責。

8. 箱頭。戲班後臺職務最複雜的是箱頭。箱頭管轄「四執交場」。所謂「四執」，即大衣箱、二衣箱、盔頭箱、旗把箱，主其事者曰箱倌（俗稱「管箱的」）。「交」的意思，是指催戲、打臺簾、扛切末等。「場」的意思是指撿場而言。以上皆後臺之重要職員，缺一不可，統稱之曰「四執交場」，總其事者，謂之箱頭。早年扛切末，係另一行，不受箱頭支配，在富連成社，統由箱頭調遣。

9. 其餘雜役。社中除以上職員外，尚有成衣、理髮、廚政。社內一切事務，由社長負責處理。但遇重要事項及社中應行改革之事，照例在年終祭神時，東夥及全體管事職員聚會討論來年全年事宜時，商議決定。不及待諸年終會議，而社長又不肯負責擅行決定的，則由社長隨時與班主商決之。班主對社務有何意見，亦可隨時與社長商議施行。

三、富（喜）連成科班內部職員表

（一）社長：葉春善、葉龍章（1935年起）。

（二）管事：蕭長華、蘇雨卿、宋起山、蕭連芳。

（三）執事：李喜泉、孫盛文、許盛奎（以上為文執事）、劉喜益、郝喜

倫、王連平、張連寶（以上為武執事）。

（四）教師：蕭長華、蘇雨卿、宋起山、郭春山、沈春奎、沈文成、郭德順、王喜秀、劉喜益、郝喜倫、肖連芳、張連福、王連平、張連寶、張盛祿、孫盛文等。

（五）經勵科人員，葉雨田、張海波、楊子成、李少泉。

（六）教育班主任：傅佩芝。

（七）場面主任：唐宗成。

（八）箱場領袖：韓文成。

管事、執事和教師等每月薪金三、五十元不等。每天演戲，還有「牙笏彩錢」。所謂牙笏彩錢，就是每有通知，均用牙笏書寫，當天所演戲目，也用水牌書寫，都由管事人書寫，所以要分彩錢。每到年終，主要老師另有饋贈，最高者如蕭長華老先生每年八百元，其餘三、二百元不等。這錢並不固定，要看每年盈餘多少而定，並須徵得班主財東同意。一般只要社長提出，財東無不同意。

社長月薪和年終饋贈比其他人高一些，每天分戲份也比較高。

四、富（喜）連成學生入學程序

富（喜）連成招收學生，並無定期，也沒有現在這樣的招生廣告，一般在前一科入學將近兩年的時候，招收新生。這種辦法，內行人均已知曉，所以大約每隔兩年，就有人相繼來科班接洽新生入學。入學要經過考核，有時隨來隨考。

無論內行子弟與外行子弟，要入科班，均需經介紹人保送。介紹人大都須與東家、社長或社內職員有相當友誼的。

學生由介紹人或內行家長送來時，都要經過社長、總教習和主要文武老師考試。首先觀察形象、體型、健康情況。有的內行子弟已會幾段戲，就要他吊嗓子，試唱一兩段。外行不會唱的，則由老師領唱一兩句，教他試學。有的不會學唱，只好叫他喊喊「一」、「啊」、「呔」幾聲，然後再叫他跟著老師念幾句話白，看他發音是否正確，以及口型怎樣，還叫他念幾句尖團字，看他口、齒、舌有無毛病。最後再看他腰腿是否靈活，由老師示範幾個動作，讓他學學看。考試後回家，聽候通知。考畢，社長、總教習、各老師研究評定，認為可取的，通知家長帶學生來入學。但這還不算正式學徒。還必須經過一段時間（三個月

至半年），認為確屬可造就之材，再通知家長來社訂立契約（俗謂之「寫字」），這才算是科班正式學徒。各教師認為毫無可取的，則通知介紹人將學生領回。

學生家長與社訂立契約時，須覓妥善保人，共同簽名畫押。契約格式，係用紅紙摺，外面書寫「關書大發」四字，摺內文曰：「立關書人 XXX，今將 XXX，年 XX 歲，志願投於 XXX 名下為徒，習學梨園生計，言明七年為滿，凡於限期內所得銀錢，俱歸社中收入，在科期間，一切食宿衣履均由科班負擔，無故禁止回家，亦不准中途退學，否則由中保人承管。倘有天災病疾，各由天命。如遇私逃等情，須兩家尋找。年滿謝師，但憑天良。空口無憑，立字為證。立關書人 XXX 畫押。中保人 XXX 畫押。年月日吉立。」

入科年齡，在六歲以上十歲以下。內行子弟在家已學過幾齣戲的，年齡稍大，也可以入科，有時出師年限還可縮短。

五、富（喜）連城學生坐科生活

學生入學後，在此期間，謂之「坐科」。必須遵守社中的規則訓條。學生入科後，飲食、衣帽鞋襪，均由社中供給，每日並發給大銅子（那時以花銅板為主）一枚，可買燒餅油條各一個，名為餑餑錢，又稱小份錢。能夠登臺的，按其在臺上的所演角色大小及表演情況如何，分別漲小份。漲小份沒有固定時間，只要臺上有進步，私下守紀律，由主管老師提出，經社長審核，隨時增漲，最高的達到二十大枚。學生有疾病時，醫藥均由社中供給，病重的可由家長將學生接回家中休養。

新生入科之始，依照社規，無論何人，都須先練武功，看其腿力如何。

入科半年後，由老師按其體態、資質、容貌、喉音進行甄別，決定其學生旦淨末丑哪一行當。

學生經教師指定應學之某種角色，就要在每日規定的時間，隨從教師學習，一切聽從教師指揮，不得任意胡為。如飾劇中之某角，或正或配，均由教師定之。其學戲之程序，先由教師將「題綱」掛出，如某人飾某角，先會詞，然後上口，習腔，拉身段。一戲精熟後就響排（即只用鑼鼓，而不扮裝，與彩排不同）。教師認為可以登臺時，方能在堂會或戲園公演（早年富連成每排一新戲，先在堂會演唱，然後始在戲園演唱）。用功之際，各歸各行，不得相擾。倘有合排之戲，由教師臨時規定。

學生學戲精熟之後，即須每日在戲園演戲，演正角、配角，或袍套，視其才而定。但科班中無論何人，初入社時，例須跑龍套。後因人數多了，亦有未曾攤派的。

六、富（喜）連成學生的日程

晨課：每日約在早上六時起床（但前一日有堂會及夜戲時，不在此例）。起床後，盥漱畢，六時半開始練武功（又名毯子功），所有文武戲學生一律參加，由武行老師二人看管。八時上文戲課，這時已撥歸文戲的學生不再練武功，去學文戲，吊嗓子。

早飯：上午十一時文武練習收工。十一時半用飯。餐位係條桌板凳，每行可對面坐二三十人。竹筷瓷碗。早餐多食麵（饅頭），菜蔬為應時菜蔬。

上館子：飯後，整隊上館子（即赴戲園演出）。學生按序排成單行一隊，由管事人率領，自虎坊橋社中出發，沿西柳樹井街東行，經珠市口而北，經前門大街東邊道，進肉市口，到廣和樓。學生上館子時所著衣著：春秋戴瓜皮小帽，穿藍布衫、青布馬褂、藍襪青靴。夏季戴草帽，穿月白竹布衫。遇雨每人有油靴雨傘。冬季戴皮帽或棉繩帽，藍棉袍、青棉布馬褂（外館沈宅一度為學生特製藍布十字毯毬馬褂，頗饒風趣）。

一年上下的新生，不上館子，由老師教唱崑曲牌子，練基本功。

演戲：富連成社在廣和樓演戲，開戲時間較一般戲園略早，上午十二時，即打開場鑼。所演之戲，約八九齣，大約至下午六時散戲。

迴學堂：演戲既畢，學生由管事率領回科班，其秩序與上館子時同，但分為兩班，第一班約於下午四時後先行，第二班則在大軸演畢時始行。

晚飯：學生回科班後，稍息，用晚飯。晚飯多食大米，菜蔬為應時蔬菜。遇有堂會，時間過晚，由社另購肉類或較貴的食品犒勞。

夜課：晚飯後，八時開始用晚功。武劇組師生齊集後院地臺，上鋪毯子，排練武戲。文戲學生到老師屋內排練。

夜寢：夜課既畢，約十時各自歸寢。寢室原為通鋪，每榻可容數十人。葉龍章任社長後，購置了虎坊橋四十五號房屋一所，共約三十間，作為學生宿舍。每人一張木板鐵床。每床之間置一痰盂，不許隨地吐痰。寢後，電燈一宿不滅，由專人看視。

七、富（喜）連成教師行述

蕭長華（1878～1967）

　　蕭長華，名寶銘，號和莊。原籍江西新建，祖籍江蘇揚州。9 歲入讀百花園青雲書屋私塾，11 歲投師於菊壇名宿徐文波門下，師從曹文奎、周長順、裕雲鵬老先生學習老旦及文丑；12 歲即出臺演娃娃生，隨後又搭四喜班演老生和醜行；18 歲拜名丑宋萬泰為師，藝精功深，無戲不學，無學不精，自此聲名日顯。1904 年，應喜連成班主葉春善之邀加盟科班，任總教習 30 餘年，教生、旦、淨、末、丑全行，培養京劇人材無數。兼與梅蘭芳、程硯秋、尚小雲、葉盛蘭、譚富英、馬連良、蕭長華、裘盛戎、袁世海等人合作，留下無數藝術精品。1948 年富社報散，居家課徒。1950 年，蕭長華應聘到中國戲曲學校任教，先後擔任教授、副校長、校長職務。1967 年謝世，享年八十九歲。

姚增祿（1840～1917）

　　姚增祿，名奎福，號惠臣，字婉秋，安徽亳縣人。幼時在小嵩祝科班學習崑曲小生。出科後拜薛二奎學皮黃老生。先後搭同慶班，金奎班，四喜班，演出武老生。擅演《惡虎村》《挑華車》《夜奔》等劇。姚增祿門下成材甚眾，楊小樓、余叔岩、遲月亭等均受其教益。光緒八年（1882 年）退出舞臺，專事教戲。先參加楊隆壽創辦的小榮椿科班，光緒十九年（1893 年）創辦小吉利科班，教授武生。60 歲後，應牛子厚和葉春善之邀，長期在喜連成（富連成）科班教戲。

　　姚增祿又邀出身於小榮椿的茹萊卿、蔡榮貴、郭春山、唐宗成等擔任教師，取班名為喜連成。喜連成初創時曾在姚增祿家招生，後全班遷到後鐵廠。曾教授拿手戲為《安天會》《水簾洞》《摩天嶺》《快活林》等，能者尤多。民國六年病逝，享年七十八歲。

唐宗成（187？～194？）

　　唐宗成，北京人，他是清廷文武場供奉，是傑出的戲曲音樂家沈寶鈞先生的大徒弟，沈先生是光緒皇帝的武場教習，對於崑曲、皮黃都有極深的研究，會戲數百出，是一位藝高飽學的老前輩。唐宗成天賦極高，在沈先生的薰炙之下，六場通透。係喜連成創辦時期的主力，執教文武場達數十年。

蘇雨卿（1870～195？）

蘇雨卿，女，原籍河北省棗強縣人，生於北京一書香門第。乃父酷愛京劇，經友人介紹，自幼向四喜班名教師蘇瑞蓮先生學正工青衣。她刻苦用功，學得紮實，名列京城閨門名票。喜連升創辦科班伊始，就聘請她到科班任教，為科班的奠基人之一。蘇先生專教青衣戲，從喜字班到世字班的五科學生中，凡是學青衣的，一律是蘇先生開蒙。李喜泉、高喜玉、李連貞、蕭連芳、邱富棠、仲盛珍、陳盛蓀、葉盛蘭、李世芳、毛世來、傅世蘭、劉元彤、李元芳等都是他親手教出來的學生。

劉長順（197？～194？）

劉長順，富連成樂隊打鼓的教師。他打鼓很善於結合劇情，靈活使用鑼鼓點，而且尺寸掌握得又十分恰當，他能用鼓板點子或鑼鼓為演員開路，幫助演員坐尺寸。所以他在科班裏打鼓，對於學員的臺步身段與鑼鼓密切結合方面，有很大幫助。那時候劉長順先生除了在富連成打鼓以外，還經常替李五先生為譚鑫培打鼓，以後李五離開了譚鑫培，譚鑫培的鼓就由劉長順先生打了。

羅燕臣（1875～195？）

羅燕臣，喜連成科班的奠基人之一，任武功教師，主教武旦。科中學員矯矯者如，高喜玉、金連壽、李壽山、劉喜益、羅連雲、陸喜才、王連平、王喜秀、趙喜魁、趙喜貞、鍾喜玖等人，自開蒙到挑梁均受其親炙。

宋起山（1887～195？）

宋起山，生於江蘇省上海縣梨園世家，乃父武淨宋福泰。起山兒時先後跟上海戲曲界的楊老套、邵強貴和鄭鴻禧等幾位老前輩學武功、工文淨和武二花。不幸在十八歲時，腿部摔成重傷致殘，空有一身好武藝而再不能施展。二十一歲後到了北京，搭班演下手活兒。先後在四喜、寶勝和、同慶、同春及小丹桂等班擔任武行頭。喜連成科班成立時，聘到科班擔任武功教師。專教小跟頭和一些武生、武丑戲。宋先生為人忠厚老實，對科班的事非常負責。幾十年如一日毫不懈怠。學生們對他很尊敬。其子宋富亭，學武二花，深得其父神髓。

韓樂卿（187？～193？）

韓樂卿，淨角演員，為人忠厚謙和，在喜連成時期應聘入科班任教，教銅錘。他的臉譜勾畫精細，對科班淨角學生有很大影響。當時名重一時的金少山、侯喜瑞也同樣受其影響頗深。韓樂卿在京劇臉譜發展過程中起著承前啟後的作用。

蔡榮貴（186？～1944）

蔡榮貴，籍貫天津。自幼學戲，以紅淨著名。1898 年晉京，在廣德樓登一炮而紅，與王鴻壽齊名。喜連成成立後，由葉春善聘其為教習，主教老生戲、綠袍戲。後因業務出現了矛盾，遂退出。在榮春社和中華戲曲專科學校教授老生。1944 年在京謝世。

范福泰（1850～1932）

范福泰，武淨。外號范罈子，因腹笥寬闊、把子嫻熟，且有許多創新。為富連成社武戲教師。

湯明亮（186？～193？）

湯明亮，善於抄功，為武戲開蒙教師。

徐寶芳（1870～1920）

徐寶芳，富連成社小生教師。

蕭長榮（1876～195？）

蕭長榮，蕭長華之兄，祖籍江西，後來世代居住在江蘇揚州，父親蕭永康，工丑行，大伯蕭永壽，藝名小蘭，是著名的崑旦。長榮工花旦，在富社任旦行教師。

王月芳（1867～195？）

王月芳，譚鑫培五大弟子之一，與賈洪林、劉喜春、李鑫甫、余叔岩等人齊名。一度在富社教授老生。

葉福海（1870～194？）

葉福海，葉春善之長兄，工淨角，在富社教授花臉、銅錘、架子。袁世海、

裘盛戎等均受其親炙。

賈順成（1876～195？）

賈順成，富社武功教師。

徐天元（1876～195？）

徐天元，工武旦，喜連成建社之初受聘教授武旦。後加入尚小雲先生辦的科班，亦教授武旦。

王福壽（1852～1924）

王福壽，外號紅眼王四，小福勝科班出身，與范福泰、彭福林為師兄弟。初隸三慶。演出《花蝴蝶》，堪與春臺俞潤仙對峙。後以赴滬演唱變嗓時衰，由俞氏邀入春臺，與彼配戲，堪稱臂助。授徒包丹庭、趙子宜等名票。喜連成初聘為教授，教文武老生戲。

茹萊卿（185？～1923）

茹萊卿，拜師武生前輩楊隆壽（梅蘭芳的外祖父）習武生。後從姚增祿學《安天會》《水簾洞》《摩天嶺》等，能戲尤多。楊隆壽辦小榮椿科班時，茹萊卿與師兄弟張洪林、董鳳岩在科班教課，楊小樓、程繼先等均得茹萊卿教益。後起之秀梅蘭芳、馬連良等，在武功上也得其教益。茹萊卿中年從梅雨田改習胡琴，後來專為梅蘭芳操琴。1919年梅蘭芳訪日，琴師就是茹萊卿。歸來入喜連成教武生。

楊萬清（185？～1923）

富社武，功教師，教武生開蒙戲《搖錢樹》等，後教《鐵籠山》《白水灘》《水簾洞》等戲。

朱玉康（187？～1935）

朱玉康，原籍江蘇蘇州，其父朱小元號吉仙，工武旦，後自營詠秀堂，搭四喜班演出，其母錢氏，為道光年間名崑旦錢金福長女，其兄朱素雲，初從熙春堂錢桂蟾學崑旦，後從徐小香，改學小生，光緒三十三年入選昇平署。朱玉康家學淵源，本工武淨，頗有好評。民國初年應富社之邀，入社教授武戲。

郭春山（1874～1946）

郭春山，自幼入小榮椿科班，從唐玉喜學丑角，兼工崑曲、皮黃。和楊小樓、程繼仙是師兄弟，出科後便搭散班演出。郭春山對崑曲腹笥淵博，《醉皂》是他常演的拿手戲，與諸名家配演的崑曲戲，也各具特色。民國初年應富連成社之邀，教授崑腔花旦和丑角戲。40年代加入中華戲曲專科學校，任醜行教師。

郭春有無數本戲，如二十五本《五彩輿》能背誦如流，曾與蕭長華為富連成四科教授排演此劇。由於他在富連成、中華戲曲專科學校、榮春社任教多年，可謂桃李滿門，南方名丑劉斌昆、輔佐程硯秋的曹二庚是他得意門徒，艾世菊、張和元得到過他的真傳。次子郭元祥也是技藝圓熟的丑角演員。郭春山曾與蕭長華、慈瑞泉共稱為丑角「三大士」。

趙春瑞（1864～194？）

趙春瑞，武戲教師，最初在三樂社科班任教，尚小雲是他得意弟子。出科後的馬連良由福建返京時，復入富連成演唱。趙春瑞入邀富連成教授《精忠傳》，並與葉春善和蕭長華、蔡榮貴等一起導排《全部三國志》以及《四進士》《五彩輿》等大型本戲，得到觀眾好評。

董風岩（1864～1920）

董鳳岩，京劇武生演員，小名生兒，富連成社武生教師。

嚴耕池（186？～193？）

嚴耕池，喜連成時期的秦腔教員。

勾順亮（186？～193？）

勾順亮，喜連成時期的秦腔教師。

郭德順（187？～194？）

郭德順，走鼓師泰斗沈寶鈞先生的弟子，唐宗成的師弟，受聘於喜連成，教授場面兼授曲。

李鳳雲（187？～195？）

李鳳雲，喜連成時期的秦腔教師。

江順仙（186？～195？）

江順仙，喜連成時期的教師，專門教授古裝花衫、小生。

曹心泉（1865～1938）

曹心泉，原籍安徽懷寧。自幼讀過私塾，寫得一筆好字，承繼家傳，研究
崑曲，精通多種民族樂器，如笛、月琴、古箏等。並能記譜、作曲。在王琴儂
的倡議下，曹心泉與侯俊山（十三旦）、陳德霖結為金蘭之好。1932 年至 1936
年曹心泉被聘為南京戲曲音樂院北京分院研究所特約研究員，並為該所主辦
的《劇學月刊》大量撰稿，傳播崑曲藝術知識，發表了不少有學術價值的文章。
心泉先生通曉律呂，妙達音聲，所製曲譜積稿充棟。如程硯秋之《文姬歸漢》
（胡筋十八拍原詞）、梅蘭芳之《太真外傳》、荀慧生之《釵頭鳳》等，均由曹
心泉譜曲。1932 年又應聘擔任中華戲曲專科學校崑曲教師及音樂組主任。後
又在富連成科班教授崑曲。終年 75 歲。

丁俊（188？～194？）

丁俊，本名丁連升，小名丁俊，又叫長命。原籍山東。他是清末的內廷供
奉。俊先生在山東坐科時，與李連仲、路三寶、黃月山是師兄弟。曾向孟七、
張七、任七學過藝。在北京搭班唱武生兼武花臉。曾在小榮椿班和小天仙班教
武戲，1908 年入喜連成班任教。他人極精細，所藏劇本很多，文武崑亂、梆
子、二黃以至於連臺本戲的本子，他都保留著，約有兩千餘齣。長子就是著名
戲曲教育家丁永利先生。子承父業，發揚光大，成為戲曲教育界的權威。

喬惠蘭（1859～192？）

喬惠蘭，崑曲旦角。名桂祺，號紉仙；冀州人。出身於章麗秋之佩春堂，
搭三慶、四喜入宮演戲。十三歲出臺。擅崑旦、小生，時有倩名。1914 年，曾
收梅蘭芳為弟子，授崑曲《奇雙會》等。晚年入喜連成教戲。

李壽山（1886～1932）

李壽山，京劇淨角。名鏡林，字仲華。因其身材高大，人稱大李七。崑腔
出身於三慶班，與武淨錢金福為師兄弟。初工花旦、崑旦，又改老生，後歸武
淨兼架子花，文武皆能崑亂不擋，擅演《白蛇傳》之法海、《春香鬧學》之陳
最良、《風箏誤》之醜小姐、《失空斬》之馬謖、《蘆花蕩》之張飛等，尤以《販

馬記》之李奇，極享盛譽，曾有「李七演李奇」之美談。光緒二十六與朱文英
同被選入昇平署，進宮承差。清光緒三十二年（1906）應喜連成之聘執教。

王長林（1857～1931）

王長林，原籍蘇州，後遷北京。梨園世家出身。幼入北京勝春李科班。從
師王文隆學習武丑。王長林文武皆擅，在同慶班時曾與譚鑫培配演《打棍出箱》
《清風亭》等戲十分精彩。出科後長年與譚鑫培、楊小樓合作，辛亥革命以後，
先後輔佐梅蘭芳、楊小樓、余叔岩、言菊朋、高慶奎、馬連良等人，是京劇醜
行中的元老。光緒二十一年（1895年）入選昇平署外學。民國初年加入喜連
成教授文武丑。

沈榮奎（187？～194？）

沈榮奎，工淨行。民國初年加入喜連成教授淨角。

沈文成（187？～193？）

沈文成，在喜連成科班專事學員開蒙，教小跟頭，如小毛兒、倒毛兒、肘
絲撲虎、疊巾兒、案頭等。葉盛章曾跟沈先生學過朱光祖、楊香武、秦仁一類
的武丑戲。沈先生孤身一人住在科班裏。沈先生脾氣溫和，對學生極其疼愛。

譚春仲（188？～194？）

譚春仲，原小榮椿社的老師，後應邀喜連成教授架子花臉一些應有劇目。
如《鳳鳴關》《打登州》《馬三保》《槍挑小梁王》《五人義》等。

張增明（1880～1926）

張增明，晚清時期著名武生，曾入選昇平署。民初邀入喜連成教授武生戲。

侯喜瑞（1892～1983）

侯喜瑞，武生淨，字靄如，河北衡水人，生於北京。京劇演員，工淨角。
幼入喜連成科班喜字科，先學梆子老生和架子花臉。他出科後拜黃潤甫為師，
都得實授，頗能再現黃派的神韻。他曾與楊小樓、高慶奎、梅蘭芳、荀慧生、
程硯秋、尚小雲、孟小冬眾多名家合作。一度在富連成社擔任武生淨行教師，
晚年在中國戲曲學院、北京市戲曲學校任教。

葉德鳳（1896～185？）

葉德風，工老生，先在喜連成任教。教授《空城計》《戰太平》等唱工戲和文武老生戲。

劉喜益（1895～1945）

劉喜益，武旦劉德海次子，9歲入喜連成科班第一科習藝，排名喜儀，因避清宣統諱，後改喜益。初從該社武戲教授羅燕臣學武二花。因其能戲多，人品佳，滿科後留社任教授武生、武淨、武旦之戲，皆能傳授，至其所教之成績，最為美善。如後來成名的武生何連濤、茹富蘭，沈范富喜、趙盛璧，楊盛春等均受其教。其為人正直，寡言少語，教戲認真，深得師生尊敬。晚年赴外埠教戲。

雷喜福（1894～1968）

雷喜福，原姓李，祖籍紹興，五齡父母雙亡，由友人雷振山扶養。七歲時，由琴師張九介紹入喜連成學戲。是班主葉春善親收親授的「六大弟子」之一，排名為張喜福。工老生，曾向名伶賈洪林問藝，做工承賈氏衣缽。後復拜譚春仲為師，對外演出時已露頭角，恢復雷姓，改名雷喜福。出科時，因處倒倉期，留任富連成執教。後學之連、富、盛、世、元諸科學員均授過雷喜福的指導，其中包括馬連良、譚富英、李盛藻、譚元壽諸人，在老一輩的京劇表演藝術家中均稱其為大師哥。

閻喜林（1898～195？）

閻喜林，早年入喜連成科班，為第一科學員，能戲極多。後經該社教授蔡榮桂授以正工老生戲《一捧雪》《宮門帶》《九更天》《燒綿山》等，極合身份。喜林唱念做作，純摹老伶工劉景然，一時有景然第二之稱。出科後留校擔任富連成科班開場戲教師，教授《天官賜福》《富貴長春》《財源輻湊》等戲。

金喜堂（1900～196？）

金喜堂，工花旦。為富連成花旦教師。

郝喜倫（1901～195？）

郝喜倫，早年入喜連成科班，後為督教學員練基本武功的老師，教授武戲，

還兼學監。四科武生楊盛春所學之《羅四虎》《武當山》《摩天嶺》等戲，均係得之郝喜倫先生。

王喜秀（1898～1938）

王喜秀，字雲坡，九歲坐科於喜連成，後留社任教。幼時嗓音條件好，既高且亮，藝名為「金絲紅」。開蒙從教師葉福海學老生戲，後從葉春善、蕭長華、蔡榮貴深造；並從教授羅燕臣學武生戲等。蕭長華先生說他有一條「音腔相聚」的嗓子，能頂得下唱工繁重的戲。他的武功基礎也好，武老生戲有獨到之處，尤以《賣馬》之耍鐧，《翠屏山》之耍刀，《群臣宴》之擊鼓，為喜秀之三絕。是喜連列科班的臺柱子之一。但因變聲期倒嗓後終未復原，未能在舞臺上充分施展才能。王喜秀輟演後留社任教達二十餘年，三科到五科的鬚生學員多受其教益。1938 年夏因病逝於北平，年四十歲。

蕭連芳（1900～1963）

蕭連芳，字馨若，北京人。出身梨園世家，與蕭長華為親叔侄。1912 年入富連成科班，初習旦，後專攻小生，師從徐寶芳和蕭長華。1917 年始，便在科裏助教，後在富連成執教至 1945 年。主教花衫、小生，且以教「三小戲」著稱，經常教授的劇目有《鴻鸞禧》《小上墳》《荷珠配》《鐵弓緣》等。1945 年至 1946 年在榮春社任教，陳盛泰、李世芳、毛世來、江世玉及夏永泉、湯小梅、夏美珍等均從其受業。

王連平（1898～1992）

王連平，名青，字嵋卿。祖籍山西太原。八歲入喜連成科班學藝，初名喜垠，後調連字科，改名連平。始從羅燕臣練武功，後從楊萬清學戲，得葉春善青睞，特請名師深造。從茹萊卿學《乾元山》《蜈蚣嶺》《淮安府》等，打下了良好的根基。又從姚增祿、羅春友、丁俊等習武生、武丑戲。並從曹心泉、李慶喜習崑曲。自小就有強烈的上進心，學得快會得多。擅武戲約百餘齣，最為精彩。至其所藏秘本，為世所不經見者尤多。惜盛年之時突患眼疾不能演重頭戲，僅為配演。滿科後留社任教。自大三科始，葉社長即命其為武戲助教，至小三科後，老輩武戲教師因年高相繼退隱，自此富社武戲大多由其執教，教學認真一絲不苟，為人耿直，尊師愛社，可「教通本」。較好地繼承了蕭長華先生的衣缽、成為文武崑亂不擋的全才總教師。1946 年離開科班去了晉察冀解

放區，任延安平劇院張家口分院編導主任及東北軍區軍工部京劇團務主任。1955 年併入中國戲曲學校，任教導室主任，培養了大批優秀的京劇演員。

張連寶（1898～1972）

張連寶，藝名小寶成。早年入富連成科班連字科學藝，以《八大拿》等戲，及《刺巴傑》之胡狸，《三俠五義》之蔣平，《四傑村》之馮洪，《豔陽樓》之秦仁，演來最有精彩。更從教授蕭長華學文丑，如《文章會》《馬上緣》等數十齣。曾經擔任富連成社執事和武功教師。

李連貞（1903～1962）

李連貞，京劇青衣，能戲約百餘齣，尤以《四進士》之楊素貞，《梅玉配》之蘇玉蓮，《五彩輿》之汪小姐，《御碑亭》之孟月華，《得意緣》之霞玉夫人最可人意，一時顧曲周郎，備極歡迎，新聞界且選連貞為青衣學士、菊界博士，自是名滿都門矣。

劉連湘（1901～195？）

劉連湘，是喜連成二科的武旦學員，工夫很好，但扮相極差，難以登臺。出科後任富社武旦教師。

張連福（1900～195？）

張連福，京劇老生演員。父親為名旦張紫仙。幼年入喜連成學秦腔青衣，後改京劇老生，拜師王月芳、蔡榮桂、蕭長華，坐科時和馬連良並紅。出科後倒嗆，改行回富連成教老生戲。

孫盛文（1910～1981）

孫盛文，武旦孫棣珊之子，武生孫毓堃堂弟，名博賢，字棟臣。祖籍河北河間，生於上海。父母病故時，正讀私塾，年僅 9 歲，其伯父孫棣棠派人赴滬將其全家接回北京。經朱文英介紹 10 歲時與弟孫盛武同入北京富連成社科班盛字科，初從該社教授葉福海、蔡榮桂學銅錘花臉《探陰山》《打龍袍》《御果園》《白良關》等劇。後因嗓敗從教授蕭長華學架子花臉，如《法門寺》之劉瑾，《三國志》《戰宛城》《陽平關》之曹操，《普球山》之蔡慶，並從教授王連平學《八大拿》等戲之架子花，《英雄會》《九龍杯》之黃三太，《霸王莊》之

黃隆基，能戲最夥。並從師裘桂仙、蔡榮貴。他勤奮好學刻苦研練，博採眾長鍥而不捨，深受社長及教師們的青睞。

張盛祿（1912～196？）

張盛祿，富連成盛字科學員。工老生。出科後搭班唱戲，後任富連成老生教師。

陳世鼎（1917～1984）

陳世鼎，富連成世字科學員。工架子花臉。出科後搭班唱戲，後任富連成花臉教師。1954 到貴陽京劇團工作。與孟元偉等一起，在貴州省戲校當老師。1977 年退休後回到北京。

李慶喜（1916～197？）

李慶喜，富連成學員。後任富連成場面兼授曲。

蘇盛琴（1904～2005）

蘇盛琴，京劇琴師。富社青衣教習蘇雨卿之五子，5 歲即同四兄蘇富恩、富旭、盛貴、蘇盛軾同入富連成社習藝，初從王喜秀習老生，後經蕭長華建議改學旦行，師從蘇雨卿、蕭長華、金喜棠等，能戲百餘齣。滿科後因年紀太小又延續兩年，後因身材猛長，不再適宜演旦角，遂改習胡琴，在科內效力時已上場操琴，後易名盛琴。19 歲時拜陸寶琳為師學文場，後又拜在徐蘭沅門下深造。20 歲始便在社內執教，達十年之久。「世」、「元」、「韻」三科旦角，均得其教益。富社解散後，傍葉盛章、毛世來等操琴。1952 年參加解放軍總政京劇團，任樂隊隊長、藝委會委員。1958 年隨團支邊銀川成立寧夏京劇團。曾於學員隊任教，除教旦、小生、彩旦外，亦授琴藝。

李盛泉（1918～196？）

李盛泉，原籍山西汾陽，其父李鴻翥，字子儀，業酒商。李盛泉係坤伶鬚生李桂芬之弟。幼年入富社盛字科，習老旦。出科後留科任教，後拜李多奎為師。

葉盛章（1912～1966）

葉盛章，字耀如，安徽太湖人，生於北京。葉春善之三子。七歲入朱幼芬

之福清社學習淨角，三年後該社解散，轉入富連成社小四科，初習武生，後改文武丑。先後師從蕭長華、郭春山、沈金戈、王連平等名家問藝。後因輩份關係，名拜王福山為師，實從師爺王長林習藝，《巧連環》《打瓜園》《祥梅寺》及《八大拿》等武丑戲，均得王氏真傳。一度在富社任教。是首創醜行挑班第一人。也是迄今為止惟一一位享有「流派」鼻祖之譽的丑角藝術大師。

閻世善（1919～2007）

閻世善，七歲入富連成第五科習藝，排名世善，工刀馬、武旦，從蒙師徐天元，並得其伯父精心傳授。亦受教於該社教授劉喜益、郝喜倫等，十歲登臺，即嶄露頭角。1935 年出科後搭班演出，曾與梅蘭芳等一系列名家同臺，演出於京、津、滬、漢各地，聲譽鵲起，享譽大江南北，被滬上觀眾譽為「小九陣風」，遂被挽留上海數年，成為中國大戲院的基本演員。在上海受到「芙蓉草」趙桐珊的青睞，主動傳授其數出文戲，如《虹霓關》《馬上緣》《小放牛》一類劇目。一度曾在富連成社擔任武旦教師。

薛盛忠（1919～196？）

薛盛忠，父為名武生薛鳳池。幼時在富連成科班學藝武生。解放前後曾在富連成和四維總校（北平保安戲校）任教。

王盛意（1913～196？）

王盛意，字蘊明，京兆人。早年入富連成科班，從教授宋起山、賈順成練習武工。後從教授蕭長華學小花臉，如《群英會》之蔣幹，《三顧茅廬》之書童，均曾露演於廣和。該社教授蘇雨卿見其相貌秀麗，身材嫡娜，且小嗓亦佳，遂授以青衣戲，約三十餘齣，如《二進宮》《玉堂春》《法門寺》《武家坡》等，均甚佳妙。學花衫及古裝崑腔本戲，約三十餘齣，如八本《兒女英雄傳》，四本《梅玉配》《得意緣》《奇雙會》《思凡》《鬧學》《麻姑上壽》等，演來均可人意。後從教授金喜棠學花旦戲廿餘齣，如《雙搖會》《樊江關》《馬上緣》《掛畫》等戲，頗有精彩。一度在富連成任教。

段富環（1921～196？）

段富環，幼入富連成學藝，初從郝喜倫、劉喜益、段富環等練功習把子甚佳。後留社任教武戲開蒙。

蓋春來（1928～2020）

　　蓋春來，河北任丘人。藝名小寶泰，原名王桂林，又名王連起。蓋春來自幼隨父從藝，12 歲在瀋陽拜周凱亭為師，攻武生。天賦聰敏，學戲一點即透，師傅格外用心傳授。很快學會《戰馬超》《拿高登》《長阪坡》等基礎武功戲。13 歲，搭班演出，嶄露頭角。在上海拜尚和玉為師。為超過當時紅角武生牛春來，特起藝名蓋春來。30 年代，與馬連良、楊小樓等人同臺演出，技藝又增，文武兼通，長靠短打俱優。唱腔以清脆響亮、雄渾挺拔著稱。表演以「穩、準、衝」見長。30 年代後期，一度在北京富連成科班任教。1950 年，調黑龍江省戲曲學校（在齊齊哈爾市）任校長。文革期間遭受迫害。1978 逝於牡丹江市，終年 80 歲。

張玉峰（1920～199？）

　　張玉峰，著名武丑演員，他學黃派武生戲和天霸戲。早年在田際雲的「玉成班」演出，對黃派戲路極為精通。後在群益社任教，凡黃派武生、武淨之角色，均由他一人主教，另因他是名丑張占福的內弟，對武丑戲亦頗熟悉，曾任富連成武丑教師，亦教武丑，而且他還能教授打鼓。

趙美英（192？～198？）

　　趙美英，富連成旦角教師。

八、富（喜）連成全體學生名錄

　　筆者第一次編寫富（喜）連成學生名錄，是根據葉龍章在《京劇談往錄》中撰寫「回憶富連成」的文章輯錄，並編入筆者編著的《京劇的搖籃——富連成》一書。每科學員的名字並不完全，其中有一些學員或因病中途退學、或學不成材、背科逃走，均已失名無考。也有的因學業不佳，出科後流落它鄉市井，以教戲、唱野檯子為生者，也未得列入名錄。筆者幼年常到北京的白塔寺、護國寺廟會玩耍。記得那裡有個土臺子，專唱露天小戲，招惹翁嫗兒童聽戲、看熱鬧。筆者自小跟祖父母到戲園子裏看戲，猛不丁地看見廟會的小戲也很新奇。

　　在那裡我看過「大妖怪」的《武家坡》《三娘教子》，還看過一次整齣的《紅鬃烈馬》。儘管臺上的演員一個個衣冠不整，但唱、做還是十分講究的。主演

「大妖怪」是唱青衣的，從《彩樓記》《三擊掌》唱起，一直唱到《算糧登殿》，並不次於王玉蓉。所憾他有個五官挪位的毛病，唱著唱著就出鬼臉，逗得觀眾哄堂大笑。後來聽臺下議論，說他自幼在富連成坐科，是連字輩的學生，名叫陳連玉，與馬連良、劉連榮、馬連昆，駱連翔等都是同學。他專工旦角，很有出息。但是，快要出科時，得了一場大病，高燒不止。病好之後，就得了「面部痙攣」之症，身不由己地出怪相，這就毀了他的前程，還落了個「大妖怪」的外號，只得在廟會裏混口飯吃。

後來讀孫盛雲等寫的《學藝演戲憶當年》之類的回憶中，如盛字班有個外號叫「疤痢會」的同學，因為長得胖，腦筋慢些，吃不了科班的苦，未及出科便背科逃跑了。還有這叫「傻三」的也不知了去白，只留下一個個外號，大名也都失考了。近年讀了任均寫的《我這九十年》談及延安評劇院初創之始，亦有富連成出科而淪為乞丐的學員，流浪到延安，而成為延安評劇院初創階段的特級導師。

文革後「開放搞活」，文藝政策改變，富連成得以正名。研究富連成的歷史已成一門學科。加之，早年落足於臺灣的富連成學員與大陸京劇界不斷往來、聯誼和回憶，便得「富連成歷屆學員名錄」更加豐富起來。筆者遂參照諸多研究者及網上不斷披露的信息，重新編撰了《富（喜）連成全體學生名錄》一節，附之如下，並盡可能地注釋部分學員的藝名、綽號和親屬關係，僅供參用。

第一科【喜字班】

趙喜貞	武喜永	陸喜明	陸喜才	雷喜福	趙喜魁	李喜泉	康喜壽
吳喜年	閻喜林	李喜龍	王喜利	陳喜光	張喜虹	陳喜山	郝喜桐
金喜棠	何喜春	陳喜星	劉喜益	張喜海	梁喜華	彭喜泰	時喜文
裴喜萊	應喜芝	周喜如	高喜玉	李喜年	金喜武	管喜森	李喜安
周喜增	侯喜瑞	鍾喜玖	穆喜忠	武喜貴	遲喜珠	牛喜明	王喜秀
馬喜連	郭喜慶	劉喜升	武喜長	曲喜源	郝喜倫	張喜良	謝喜銀
吳喜昆	張喜廣	田喜豐	張喜汶	王喜沅	王喜翠	彭喜鳳	張喜和
律喜雲	梁喜祥	王喜樂	張喜公	錢喜卿	孫喜恒	張喜槐	王喜順
段喜盛	耿喜斌	陳喜榮	李喜蘭	徐喜延	王喜祿	李喜樓	陳喜德
梁喜方							

注：

趙喜貞（別名雲中鳳）

趙喜魁（趙喜貞之兄）

陸喜明（名崑曲家陸長林之孫，名小生陸蓮貴之子，名武生陸富來、名旦陸鳳琴之弟）

陸喜才（別名小德子，陸喜明之弟）

李喜泉（別名蓋陝西）

王喜秀（別名金絲紅）

金喜棠（別名海棠花）

何喜春（名小花臉何二格之弟）

劉喜義（武旦劉德海之子、青衣劉寶雲之弟）

高喜玉（別名元元旦）

遲喜珠（父遲金壽，小榮椿班武生；伯父遲子俊，早年名丑；叔父遲月亭，武二花）

耿喜斌（別名小百歲）

王喜祿（別名小糞處）

陳喜星（出科後改名陳喜興）

劉喜益（原名劉喜儀，因避皇帝溥儀諱而改名）

【附：自 1906 年始相繼帶藝入科學戲並參加演出之學員】

梅蘭芳、周信芳、曹小鳳、姚佩蘭、水上漂、李春林、貫大元、葫蘆紅、王靈童、高百歲、林樹森、趙鴻林（小十三旦）、趙松樵（九齡童）等多人。

第二科【連字班】

高連甲	馬連昆	趙連城	駱連翔	馬連良	趙連升	宴連功	劉連榮
韓連宴	張連洲	楊連森	何連濤	鍾連鳴	唐連詩	張連崧	方連元
王連闊	姜連彩	於連沛	曹連孝	常連惠	高連登	寶連和	陳連勝
徐連仲	王連奎	張連福	羅連雲	諸連順	常連安	常連貴	李連雙
劉連湘	程連喜	蕭連芳	蘇連漢	高連第	姚連增	李連英	陳連清
常連琛	金連壽	于連泉	王連平	梁連柱	崇連卿	郭連頤	金連玉
高連峰	馮連恩	於連仙	楊連祿	張連庭	陳連虹	廉連頗	英連傑
高連海	郝連桐	白連科	張連林	趙連華	張連芬	王連浦	殷連瑞

李連貞　周連鍾　張連寶　陳連玉

注：

方連元（名小生方春仙之子）

張連福（別名小金紅，名青衣衣張紫絮之子）

羅連雲（梨園名宿羅燕臣、名老生羅小寶之弟）

諸連順（名旦諸茹香之弟）

蕭連芳（名花旦蕭長榮之子，名丑蕭長華之侄）

于連泉（別名小翠花，名花臉於永利之弟）

於連仙（別名小荷花）

張連寶（別名小寶成）

陳連玉（別名大妖怪）

第三科【富字班】

沈富貴	邱富棠	耿富斌	楊富茂	李富秋	王富祥	程富雲	傅富明
白富爵	杜富隆	有富珠	劉富軒	宋富壽	方富之	賈富通	張富相
趙富臺	陳富濤	李富臣	閻富林	榮富華	盛富增	王富鼎	李富珍
蘇富恩	段富寰	慶富餘	馬富祿	趙富榮	陳富瑞	陳富康	樊富順
孫富德	張富農	翟富仙	青富如	曹富勳	茹富蘭	張富舉	尚富霞
高富遠	劉富詩	翟富夔	奎富光	譚富英	楊富業	龔富洪	董富慶
青富秀	寶富和	韓富信	趙富春	張富芬	高富山	高富權	高富旭
陳富芳	陸富安	英富漢	李富闊	馮富潤	茹富蕙	范富喜	錢富川
唐富堯	何富清	宋富亭	張富良	葉富和	劉富溪	馮富笙	張富藻
劉富玉	壽富耆	吳富琴	張富有	高富厚	董富村	李富萬	張富盛
李富齋	董富連	杜富興	那富蔭	李富仁	傅富國	程富存	董富森
王富湧	羅富聲	白富年	姚富才	張富利	張富深	蘇富憲	存富珠
吳富友							

注：

耿富斌（名丑耿嘉斌之弟）

程富雲（名淨角程永龍之子）

傅富銘（別名笑而觀）

方富元（名武旦方連元之弟）

賈富通（名武生賈順成之子）

蘇富恩（青衣名宿蘇雨卿之子）

陳富瑞（崑曲名宿陳壽峰之孫，笛師陳家梁之子）

茹富蘭（茹萊卿之孫，名武生茹錫九之子）

尚富霞（名旦尚小雲之弟）

高富遠（名花臉高德祿之孫）

奎富光（單弦名家奎興垣之子）

譚富英（著名老生譚鑫培之孫、名老生譚小培之子）

韓富信（梨園世家，父、叔均係淨角）

高富山（高富遠之弟）

高富權（別名七歲丑）

蘇富旭（蘇富恩之弟）

陳富芳（名旦陳孝雲之孫）

茹富蕙（茹富蘭之弟）

范富喜（秦腔名小生范文英之子）

宋富廷（武生名宿宋起山之子）

吳富琴（名淨吳玉琳之子）

趙富成（別名小鳴鐘）

蘇富憲（蘇富恩之弟）

第四科【盛字班】

李盛斌	蘇盛徹	李盛佐	王盛海	孫盛芝	劉盛通	李盛國	貫盛吉
黃盛仲	羅盛公	羅盛才	徐盛安	高盛虹	方盛臣	孫盛芳	李盛成
孫盛輔	孫盛章	李盛佑	蕭盛瑞	趙盛湘	劉盛道	張盛侯	許盛奎
貫盛習	羅盛遠	黃盛湧	周盛銘	張盛利	朱盛業	朱盛祥	趙盛璧
葉盛茂	孫盛文	馮盛洪	穆盛樓	劉盛常	蕭盛萱	殷盛勤	郝盛群
陳盛德	朱盛陶	孫盛雲	鮑盛啟	林盛竹	王盛和	葉盛蘭	孫盛武
馮盛泉	陳盛泰	韓盛岫	劉盛蓮	何盛清	薛盛忠	邱盛月	海盛闊
侯盛伯	裘盛戎	戴盛來	錢盛川	王盛意	李盛蔭	朱盛齡	張盛祿
董盛士	鄭盛厚	魏盛有	張盛餘	吳盛寶	邱盛華	楊盛春	毛盛榮

馬盛勳	董盛村	蘇盛貴	李盛藻	譚盛英	浦盛文	韓盛信	徐盛昌
鈺盛璽	張盛有	吳盛恩	陳盛霞	李盛泉	楊盛清	馬盛雄	全盛福
蘇盛軾	陳盛蓀	王盛芝	馮盛和	劉盛仁	徐盛達	關盛明	楊盛梓
吳盛珠	趙盛臺	朱盛富	翟盛慶	高盛麟	朱盛泉	蘇盛琴	楊盛繼
吳盛修	許盛玉	許盛仙	董盛平	艾盛蒲	李盛秋	馬盛龍	於盛籠
仲盛珍	董盛喜	陳盛菊	景盛廣	南盛山	王盛濤	張盛亭	羅盛才
裘盛戎	葉盛章						

注：

劉盛通（名老生劉景然之子）

貫盛習、貫盛吉（二人是名武旦貫紫琳之子，老生貫大元之弟）

黃盛仲（名淨黃潤甫之孫）

羅盛才（名丑羅壽山之孫）

孫盛芳（名丑孫小華之子）

葉盛章（社長葉春善之子）

張盛利（名青衣小生張彩林之子）

蕭盛萱（名丑蕭長華之子，小生蕭連芳族弟）

殷盛勤（名武生殷連瑞之子）

王盛如、王盛意（二人是名旦五盞燈之子，名老生王榮山之侄）

葉盛蘭（葉春善之子）

薛盛忠（名武生薛鳳池之子）

裘盛戎（名淨裘桂仙之子）

錢盛川（名淨錢金福之孫，錢寶森之子）

李盛蔭（名崑曲家李壽峰之子，名淨李壽山之侄）

朱盛齡（名小生朱素雲之孫）

張盛餘（名丑張文斌之子）

楊盛春（梨園名宿楊隆壽之孫，梅蘭芳的表弟）

毛盛榮（名武生毛慶來之弟）

馬盛勳（名坤旦琴雪芳之弟）

蘇盛貴、蘇盛軾（二人是蘇雨卿之子，蘇富恩之弟）

李盛藻（名淨李壽山之侄）

譚盛英（譚鑫培之孫，譚小培之侄）

李盛泉（名坤角老生李桂芬之弟）

陳盛蓀（老生陳福勝之孫，青衣陳鴻喜之子）

吳盛珠（梨園名宿吳靄仙之孫）

朱盛富（名武旦朱文英之孫，名武生朱湘泉之子，武旦朱桂芳之侄）

高盛麟（名丑高四保之孫，名老生高慶奎之子）

朱盛康（名武旦朱桂芳之子，朱湘泉之侄）

蘇盛琴（係蘇雨卿之子，後改為琴師）

羅盛公（名老旦羅福山之子）

第五科【世字班】

傅世蘭	袁世海	羅世鳴	高世壽	陳世鼎	張世桐	李世奇	馮世寧
李世有	張世謙	徐世和	劉世恒	徐世光	傅世雲	朱世富	葉世長
劉世長	劉世臣	袁世泉	華世麗	江世玉	朱世良	張世萬	耿世忠
劉世勳	馬世昭	陸世聚	陳世鋒	何世通	朱世有	班世超	徐世亮
李世香	張世宗	劉世聯	方世鑄	李世祥	馬世祿	賈世珍	吳世甫
朱世魁	李世源	耿世華	姚世茹	李世瑞	蘇世詹	郭世誼	王世襄
屈世遠	虞世仁	賈世福	程世傑	張世年	蘇世武	王世璽	羅世漢
閻世善	鮑世平	柏世順	李世斌	蘇世卿	徐世延	沙世鑫	韓世植
張世惟	陳世權	郭世恩	王世綱	時世寶	趙世璞	鮑世希	張世本
蘇世文	趙世漢	劉世厚	江世升	殷世增	劉世昆	邱世沛	李世慶
羅世宏	遲世恭	詹世輔	陳世峰	張世侯	王世祥	謝世安	郭世芬
李世信	張世孝	葉世茂	趙世德	薛世齡	譚世英	楊世群	張世深
楊世椿	曹世嘉	郭世鈞	王世霞	曹世才	王世續	張世蓬	費世威
劉世庭	陳世佐	石世三	金世貴	袁世湧	張世成	高世泰	李世霖
李世章	裘世戎	金世澄	遲世敬	趙世璧	沈世佑	沈世啟	閻世喜
李世芳	馬世嘯	艾世菊	陳世寬	朱世業	劉世坤	閻世樂	徐世彩
徐世辛	諸世禧	譚世潤	朱世木	於世文	王世棟	李世潤	羅世保
費世延	蘇世明	曹世才	肖世佑	陳世鼎	毛世來	李世英	徐世宸
諸世勤	諸世芬						

注：

江世玉（梨園名宿江順仙之子）

葉世長（葉春善之子）

徐世光（名花臉徐德增之子）

艾世瑞（梨園名宿艾清泉之子）

朱世魁（名武旦朱桂芳之子，朱湘泉之侄）

閻世善（名武生閻嵐亭之子，名武旦閻嵐秋之侄）

李世斌（名武生李盛斌之弟）

遲世恭（名武二花遲月亭之侄）

張世孝（名坤角張子壽之子、小生張奎斌之侄）

葉世茂（名花臉葉福海之子）

譚世英（譚鑫培之孫，譚家祥之子）

曹世嘉（名崑家曹心泉之孫，名丑曹二庚之侄）

郭世鈞（名丑郭春山之侄）

譚世秀（譚鑫培之孫）

俞世龍（名武生俞振庭之子）

毛世來（名武生毛慶來之弟）

高世壽、高世泰（二人是名老生高慶奎之子，高盛麟之弟）

李世林（名淨李金茂之孫）

裘世戎（名淨裘盛戎之弟）

閻世喜（閻世善之弟）

李世芳（山西梆子名旦李子健之子）

朱世木（朱湘泉之子）

於世文（名花旦于連泉之子）

李世潤（名青衣李連貞之子）

蕭世佑（蕭連芳之子）

王世續（名青衣王琴儂之子）

第六科【元字班】

劉元彤　黃元慶　茹元俊　譚元壽　白元傑　黃元忠　吳元發　徐元珊
李元瑞　白元鳴　尚元茂　趙元湘　曹元弟　殷元貴　殷元和　劉元漢

閻元靖	楊元才	張元智	蔣元榮	馬元麒	馬元祿	孫元增	婁元廷
張元尚	張元秋	哈元璋	劉元敏	李元玉	陳元昌	陳元碧	孫元彬
孫元波	張元禮	劉元凱	劉元鵬	張元奎	范元濂	蘆元仁	蘆元義
王元芝	李元宸	庹元長	王元信	王元綱	王元禧	楊元勳	王元錫
張元珍	樊元吉	劉元太	李元年	高元峰	高元阜	周元伯	劉元亨
餘元龍	李元盛	孟元偉	刑元令	李元睦	高元升	於元海	郭元汾
李元芳	李元功	羅元昆	姚元秀	茹元蕙	高元虹	馬元亮	慈元善
錢元通	杜元田	馬元亮	雷元碩	王元清	王元贊	王元英	王元禮
慶元祥	於元海						

注：

譚元壽（名老生譚富英之子）

茹元俊（名武生茹富蘭之子）

徐元珊（名琴師徐蘭沅之子）

李元瑞（名丑李一車之子）

白元鳴（名鼓師白登雲之子）

曹元弟（名老生曹連孝之子）

殷元和（名丑小奎官之子）

劉元漢（名淨劉硯亭之子，名老生劉硯芳之侄）

蔣元榮（名淨蔣少奎之子，名花臉侯喜瑞的外甥）

馬元麒（名丑馬富祿之子）

婁元廷（名淨婁振奎之弟）

哈元章（名老生哈寶山之子）

孫元彬（名武生孫毓堃之子）

劉元鵬（名武生劉雪亭之子）

楊元勳（名老生馬連良的外甥）

郭元汾（名丑郭春山之子）

慈元善（名丑慈瑞泉之孫，名丑慈少泉之子）

雷元碩（雷喜福之子）

第七科【韻字班】

| 冀韻蘭 | 張韻嘯 | 凌韻霄 | 徐韻昌 | 高韻升 | 夏韻龍 | 賈韻隆 | 關韻華 |

韓韻傑	鉗韻宏	郭韻申	張韻斌	曹韻清	喬韻如	朱韻德	翟韻奎
甄韻福	張韻增	劉韻成	陳韻曾	陶韻林	紮韻祥	蘇韻衡	高韻芬
王韻通	王韻達	劉韻亭	常韻久	趙韻甫	王韻虎	郭韻和	趙韻秋
郭韻恩	郭韻華	趙韻蓮	張韻山	郭韻蓉	周韻芳	關韻文	關韻武
劉韻虹	夏韻壽	李韻章	張韻良	邵韻明	譚韻壽	賈韻興	李韻銘
白韻濤	閻韻喜	李韻達	蕭韻田	茹韻英	郭韻桐	關韻賢	劉韻榮
陳韻永	張韻湧	吳韻英	趙韻連				

注：

徐韻昌（名小生徐和才之弟）

高韻升（名老生高慶奎之子，名武生高盛麟之弟）

喬韻如（老生後改鼓師喬玉林之子）

甄韻福（名老生甄洪奎之子）

紮韻祥（名老生紮金奎之子）

李韻章（名老生李盛蔭之子）

譚韻戎（後改名韻壽，名老生譚富英之子，譚元壽之弟）

閻韻喜（名武旦閻世善之弟）

蕭韻田（名小生蕭連芳之子）

茹韻英（名武生茹富蘭之子）

第八科〔慶字〕

陳慶增	張慶良	葉慶榮	葉慶先	王慶玉	盧慶海	韓慶升	江慶濤
沈慶福	姜慶芬	趙慶俠	武慶勇	白慶虹	許慶奎	朱慶芳	李慶喜
侯慶功	祝慶壽	柏慶松	閻慶善	楊慶椿	郝慶天	徐慶山	富慶長
諸慶順	王慶祥	劉慶餘	范慶蘭	范慶英	田慶忠	陳慶良	張慶江

注：

葉慶榮、葉慶先（二人葉蔭章之子）

九、富（喜）連成的演出劇目

天官賜福　　富貴長春　　財源輻輳　　卸甲封王　　百壽圖　　　九里山

進蠻詩	滿床笏	渭水河	御碑亭	陽平關	取滎陽
趕三關	南陽關	戰樊城	長亭會	文昭關	浣紗河
魚藏劍	焚綿山	慶頂珠	狀元譜	捉放曹	奇冤報
寶蓮燈	群英會	甘露寺	二進宮	朱砂痣	戰成都
拾黃金	獻長安	戰太平	定軍山	吳天關	天水關
雙獅圖	蘆花蕩	鐵蓮花	洪羊洞	玉玲瓏	九龍山
桑園會	宮門帶	群臣宴	武家坡	法門寺	雍涼關
失街亭	武當山	伐東吳	瓊林宴	一捧雪	九更天
三娘教子	桑園寄子	秦瓊賣馬	審頭刺湯	慶陽圖	金馬門
風雲會	八義圖	碰碑	法場換子	蔡家莊	胭脂虎
烏龍院	梅龍鎮	金水橋	盜宗卷	珠簾寨	南天門
二龍山	清官冊	賺歷城	忠孝全	英雄義	借趙雲
華容道	取帥印	摘纓會	回荊州	牧羊圈	清河橋
汾河灣	綿陽縣	藥王卷	博望坡	紅桃山	戰潼臺
長壽星	望兒樓	藥茶計	孟津河	天齊廟	打龍袍
探陰山	白良關	三顧茅廬	鎖五龍	牧虎關	草橋關
三岔口	斬黃袍	斷密澗	下河東	大回朝	狀元印
選元戎	五彩輿	飛虎山	岳家莊	對刀步戰	精忠傳
大神州	玉堂春	女起解	跑驢子	孝感天	反五關
五花洞	破洪州	虹霓關	樊江關	馬上緣	穆柯寨
穆天王	梅玉配	白水灘	連升店	斷橋	絨花計
打皂王	十八扯	借靴	奇雙會	浣花溪	探親相罵
打麵缸	頂磚	背娃入府	喜榮歸	小過年	打刀
一匹布	丁甲山	董家山	雅觀樓	貴妃醉酒	滎陽關
龍鳳配	鐵弓緣	火判	金錢豹	刺虎	打花鼓
收關勝	娘子軍	蕩湖船	掛畫	賣餑餑	審刺客
取金陵	小放牛	雙搖會	荷珠配	鴻鸞禧	槐門斬子
金山寺	取南郡	奪錦標	蓮花湖	戰合肥	通天犀
花蝴蝶	九龍杯	普球山	劍峰山	下河南	蜈蚣嶺
打寶墩	溪黃莊	河間府	戰滁州	羅四虎	東昌府

殷家堡	落馬湖	采石磯	洗浮山	紅門寺	錢塘縣
三教寺	生辰綱	蟠桃會	小天宮	鐵籠山	百草山
無底洞	青石山	朝金頂	泗州城	搖錢樹	潯陽樓
攻潼關	淮安府	鄭州廟	八蠟廟	惡虎村	四平山
兒女英雄傳	四郎探母	太湖山	界牌關	金鎖陣	戰濮陽
得意緣	鬧昆陽	武文華	水簾洞	安天會	連環陣
伐子都	寧武關	火燒戰船	豔陽樓	賈家樓	戰宛城
打瓜園	八大錘	五人義	巧連環	奪太倉	百涼樓
薛禮征東	斷臂說書	摩天嶺	雙龍會	獨木關	掃花三醉
仙緣	嫁妹	勸農	鬧學	挑滑車	廬州城
戰馬超	冀州城	三遷	能仁寺	馬鞍山	打韓昌
潞安州	戰渭南	長阪坡	昭君出塞	賀后罵殿	悅來店
竹林計	趙家樓	骨牌燈	堆花	弓硯緣	四傑村
神亭嶺	姑蘇臺	演火棍	紅柳村	嘉興府	高唐州
武十回	上天台	祥梅寺	四進士	思凡	宦海潮
取洛陽	雙合印	六月雪	麻姑上壽	麒麟閣	滑油山
三俠五義	功宴	醉打山門	天河配	東皇莊	盜魂鈴
激權瑜	全本大名府	伐齊東	黃鶴樓	審七長亭	黑沙洞
宣化府	定計化緣	虎牢關	馬思遠	雙釘計	雙沙河
繡襦記	臨江會	北俠傳	出獵回獵	棠棣枯榮	胭脂判
西河舞	臨淮夢	大悲樓	十僧鬧花堂	黑狼山	喜崇臺
廣太莊	三江越虎城	雙天師	雁翎甲	舌戰群儒	翠鳳樓
雙觀星	洞庭湖	十美圖	反汴梁	雙包案	取雒城
聶隱娘	鐵冠圖	藏珍樓	歐陽德	智化盜冠	酒丐
金瓶女	娟娟	崑崙劍俠傳	徐良出世	白泰官	乾坤鬥法
新天河配	廣寒宮	盜銀壺	小放牛	戰宛城	絨花計
朱痕計	牧羊卷	太后辭朝	殺皮	也是齋	殺子報
十二紅	活捉三郎	烏龍院	陰陽河	遊湖陰配	打麵缸
望兒樓	三顧茅廬	薛禮歎月	獨木關	青梅煮酒	觀星
雙背凳	打槓子	瞎子捉姦	拾黃金	探莊	石遷偷雞

坐寨盜馬	奚皇莊	巴駱和	白水灘	十三妹	搜孤救孤
紅驛烈馬	打棍出箱	楊棑風	鬧天宮	小上墳	打櫻桃
全本法門寺	調寇	審潘洪	洪羊洞	打棍出箱	風箏誤
敬德裝瘋	雙投唐	人才駙馬	天雷報	審頭刺湯	失印救火
三字經	老黃請醫	鴻鸞禧	打侄上墳	三盜九龍杯	雁翎甲
天霸拜山	探寒窯	借東風	華容道	借趙雲	連升店
殺狗	小二過年	紅桃山	桑園會	汾河灣	金錢豹
盜魂鈴	桃花宮	打魚殺家	春秋配	打皂王	一匹布
頂燈	賣餑餑	馬鞍山	御果園	打瓜園	取金陵
奪太倉	金山寺	瘋僧掃秦	伯牙捧琴	焚綿山	取洛陽
白良關	下河東	通天犀	鎖五龍	乾坤鬥法	混圓盒
佛門點元	崑崙劍圖	洞庭湖	登臺哭客	五彩興	天河配
廣寒宮	巧連環	大泗州城	三俠五義	五鼠鬧東京	宦海潮

參考文獻

1. 李德生，《京劇的搖籃──富連成》，山西人民出版社，2008。

2. 齊如山，《齊如山文集》，河北教育出版社，2010。

3. 包緝庭，《富連成四十年興衰史》，香港，《大人》雜誌社五十年代連載。

4. 包緝庭，《富連成四十年興衰史》，香港，《大成》雜誌社五十年代連載。

5. 中國人民政協北京市委員會文史資料委員會編，《京劇談往錄初編》，1992。

6. 中國人民政協北京市委員會文史資料委員會編，《京劇談往錄續編》，1994。

7. 中國人民政協北京市委員會文史資料委員會編，《京劇談往錄三編》，1997。

8. 中國人民政協北京市委員會文史資料委員會編，《京劇談往錄四編》，1997。

9. 唐伯弢，《富連成三十年史》，中華書局，2014。

10. 丁秉鐩，《菊壇舊聞錄》，中國戲劇出版社，1996。

11. 周傳家，《京劇圖史》，北京十月文藝出版社，2013。

12. 子興，《京劇老照片》，學苑出版社，2013。

讀　後

田淞、沈毓琛

不知七十八歲的田淞跟老伴儿耳边说了句什么「悄悄话」，老人如此喜笑顏开。本月十五日，国际家庭日婚礼庆典在北大芍園举办，三十对金婚银婚及新婚夫妇共聚一堂。多年从事艺术工作的田淞夫妇为庆贺两人半个世纪的金婚而来，格外兴奋。

本报记者 张凤摄

　　我今年 88 歲了，退休前一直從事戲曲研究和演出工作。我是 1941 年於燕京大學畢業，1950 年投身新中國的戲曲事業，在田漢先生的推薦下，與愛人沈毓琛一起進入當今中國戲曲學院的前身中國戲曲改進局戲曲實驗學校。當時，我在藝委會擔任秘書，並兼任校長田漢和王瑤卿先生的秘書。一方面參與學校基礎建設、管理，在進修班執教文化；一方面亦參與「戲改」工作，協助王瑤卿、蕭長華、程硯秋、蓋叫天等老一輩藝術家整理傳統劇目、修改劇本

等。因為我一直喜愛京劇表演藝術，於 1954 年拜姜妙香為師。後來調到中國評劇院與小白玉霜、喜彩蓮合作，配演小生，這才正式脫離學校，專事評劇演出了。我愛人沈毓琛則在中國戲校擔任文化教員，一直到退休，前後執教 34 年之久。

我們親眼看到從中國戲校裏出來的一批批的畢業生，大多都成了舞臺上的棟樑，有的享譽菊壇、講壇，有的成為表演藝術家、教育家，有的還成為劇團和院校的領導者。每當他們在舞臺或熒屏上出現時，我們都為之欣喜快樂、額手稱慶。他們今日所做出的成績，都歸功於學校的培育，使京劇藝術得以薪火相傳，發揚光大。

每當說起戲曲教育事業，就不能不談及富連成。雖說富連成並非是科班的鼻祖，但是，其辦學時間之長，影響之大，培養出的人材之多，教學方法的成功，在中國戲劇教育史上佔有相當重要的地位。

然而，由於二次國內戰爭的爆起，至使舉國動亂，戰火騰騰，經濟凋蔽、民不聊生。國民求安而不得，更無心看戲和娛樂。不知多少優秀的京劇演員被迫脫離舞臺，改從它業。大大小小的戲劇班社紛紛歇業倒臺，有四十年科班歷史的富連成也在獨木難撐的情況下，於 1948 年，掩旗息鼓、關門報散了。沒了富連成，歌臺舞榭和報紙廣告中，也就沒了這個著名科班戲的蹤影。

1949 年，新中國成之伊始，在用鐵腕蕩滌舊時代污泥濁水的同時，對戲劇改革也放在無產階級輿論陣線宣傳工作的首位。盤踞北京的戲霸張德泉、福德成等人在萬人批斗大會之後，當即正法。同時，中央人民政府文化部戲曲改進局，以中央政府名義頒布了對一系列有毒有害劇目明令禁演，其中包括《殺子報》《九更天》《滑油山》《奇冤報》《海慧寺》《雙釘記》《探陰山》《鐵公雞》等等。而這些禁演劇目，多是出自富連成的「看家本戲」，因之富連成便成了業中人諱談的課目。

五十年初，在那個特殊的歷史環境下，人人劃分階級、劃分成份、劃分政治面目，同時在搞「三反」「五反」和「鎮壓反革命」運動。在戲劇行內，富連成也成了眾矢之的。富連成科班被劃為「打著培養戲曲人才的幌子，剝削童伶」的黑班社。社長葉龍璋因在東北任過地方軍閥的軍職，被劃為「歷史反革命」，由街道監督管制。「反右運動」時期，葉盛蘭、葉盛長、葉盛章等葉家子弟有的被打成「右派」，有因為行為失檢而嘟噹入獄，一度無人再聊侃富連成了。就是曾在富連成坐科，後來成為京劇表演藝術家和教育家，包括王連平、

于連泉、譚富英、裘盛戎等人，他們在自己的《回憶錄》中也都很少談到富連成。但凡談及也多是「憶苦思甜」，在科班裏如何吃苦、受罪、挨打等等。為富連成仗義執言、表其功過者無多。因之，富連成三字在上世紀五、六十年代幾乎無人談論了。

其實，中國戲曲學校的成立與富連成是有著血脈相承的聯繫，校長蕭長華老先生原本就是富（喜）連成的創始人之一，也是富社的總教習。教授雷喜福先生就是富（喜）連成第一科大弟子，王連平、于連泉、方連元、梁連柱、茹富蘭、宋富庭、范富喜等一大批老師，也都是富連成出科的高材生。從某種意義上講，中國戲曲學校也可以說是現代化的「富連成」。

我們在學校工作期間，也曾多次聽田漢先生說過：「富連成是舊時代的產物，採用的也是舊的教學方法。在舊社會物質條件十分困難的情況下，培養出一大批優秀的京劇人才，培養出一大批迄今活躍在舞臺上的藝術家是功跡卓著的。連梅蘭芳、周信芳這樣的大師，也都在富連成受過薰炙。這些，都是富連成的偉績。我們應該認真地總結富連成的辦學經驗，要把好的東西、優秀的東西、科學的東西挖掘出來，吸收過來，用以充實我們的教學方法。我們學校要在新時代的陽光雨露下，培養出更多更優秀的戲劇人才，也要培養出更多更出色的藝術大師來！」

50 年代，戲校教研組也曾多次對富連成的辦學實踐進行分析討論，總結富連成教學中的許多長處。例如「注重品德教育」，「學戲先學做人」等。在富連成《科班訓詞》中都有著明確的規定：要「養身體」、「遵教訓」、「學技藝」、「保名譽」；戒「拋棄光陰」、「貪圖小利」、「煙酒賭博」、「亂交朋友」。這些，都是德育之本。

在業務教學中「量才教藝」，因材施教，根據學生的不同特點，授以不同內容的技藝。以充分調動、發揮學生的主觀能動性、積極性，定向培養，使之成材。又如「在科學生，不分主次」，一律公平對待，這也是一條重要的教育原則。要使每個學員都練好基本功，打下堅實基礎，要求主演、配演皆能勝任，以利學生全面發展。

教學與實踐相結合，是富連成最重要的成功因素。演員離不開舞臺，學習離不開實踐。富連成的學員幾乎天天都活躍在舞臺上。從富連成的《學生日程》中可以看到，每日早餐之後，學員就要排隊「上館子」，廣和樓就是他們的「課堂」，就是他們的「實習舞臺」。充分地利用演出實踐，造就出無數品學兼優、

多專多能的藝術人材。戲校對此不僅有所繼承，而且更有發展。

授以文化知識，這也是富連成與其他舊科班的不同之處。我曾見過富連成在民國 20 年（1931）9 月頒布的一篇《增設教育科宣言》。《宣言》中寫道：

> 是年來，社會改進，所求於藝者，亦深且繁。故依時勢之需要，亟應謀學識之增進。蓋學識不進，則藝術難精。文學為藝術之本源，欲講藝術，不得不從識學起，此種根本之要圖也。所惜本社地址狹小，時間短少，種種困難，不一而足。雖然徹底改造，目前固未可能，而為本身前途利害計，實不得不有急謀進取之必要。籌思在四，擬增設教育科。告令一年班學生於每日一律上課兩小時，授以國語、常識等。即日起，定為永久必修科目。至於，其他將近畢業及已經畢業者，雖其鑒於種種困難，亦為之另設一特別班。需每日自由選定一小時上課，分別授以國語、常識、千字文課等，以資補救，此本社初步改進之辦法也。唯規模狹小，一時未易擴充，將來地址有餘，再行力求進展，用收文學藝術相得益彰之效焉。

從字裏行間可以看到當年辦學者的良苦用心。我們都是學校的文化教員，所以對這件事記得特別深刻。中國戲校在教學實踐中，淘汰了舊科班中不科學的東西，如廢除「蹺功」，不再培養「男旦」，廢除「打戲」，禁止對學生施行體罰等等。同時，也科學地繼承了富社中許多優良傳統，為新中國的戲劇教育事業做出了巨大的貢獻。最初，學校曾將「富連成」作為一個課題，計劃進行系統研究。並責成本人協助蕭長華先生和雷喜福、王連平等老師們一起，著手收集材料、設計提綱。但是，由於建國之初萬事待舉，政治運動一個接著一個，人事變更也很頻繁，故而，這一計劃未能得到實施。「文革」以後，在國內較為系統地見著文字的，大概只有葉龍章先生所寫《喜（富）連成科班的始末》一文，發表在北京市政協文史資料研究委員會編的《京劇談往錄》中。

包緝庭先生是研究富連成的專家，我們曾讀過他早年寫的劇評，落筆矯健，頗有見地。1948 年他離開大陸之後，便不知消息了。而包緝庭的堂兄包丹庭先生則一直居住北京，他是一位極有名氣的票友，我們見過面。而且，還看過他老先生在 71 歲時為中國京劇院進行示範演出的《清風亭》。

包氏昆季出身官宦世家，祖籍浙江紹興，生於北京。祖父包衡甫居官工部，伯父包榮星（包丹庭之父）是一位著名的顧曲家。包丹庭自幼體弱多病，家中為他鍛鍊身體，特聘請文武老生王福壽為師，教戲練功，歷數十寒暑，辛勤不

輟。民國初年，包丹庭曾供職陸軍部，任禁煙局專員，兼以金石書畫彝鼎瓷器鑒定聞名。後來，加入溥侗（紅豆館主）主持的言樂會，常與曲家趙子衡、趙子敬、鍾秋岩、袁寒雲等唱和。他曾問藝於程繼先、曹心泉等名家，能戲之多，造詣之深，為內外行一致公認。30 年代，一度應焦菊隱先生之聘，執教於中華戲曲專科學校。富連成的俊才江世玉，也是他的入室弟子。家風所致，包緝庭亦深受藝術環境的薰染，正如他在文中所說：自幼便跟著父親看富連成的戲，出入後臺，日日不輟，與葉春善社長和歷屆科班學員們混得廝熟。長成後，與教師王連平又成為莫逆之交，富社的要聞、故事，耳濡目染、爛熟於心。因此，他寫出的文字不僅生動有趣，而且真實可信。

　　李德生先生是一位新聞工作者，愛好戲曲，而且是一位對「麒派」藝術很有研究的票友。近年來，他致力東方民俗方面的研究，收穫甚巨。先後出版了《老北京的三百六十行》《煙畫》《煙畫「抗戰圖史」》等書。在戲曲方面，則撰寫了《粉戲》《血粉戲》《旗裝戲》《京劇名票錄》《丑角》《禁戲》等一系列專著，行文樸實，論述生動，而且資料豐富，圖文並茂。眼下他整理編纂的這部書，把一些流於海外的有關富（喜）連成的史料、軼文、老照片、老戲單，以及相關的背景圖片等蒐集在一起，梳理成章，成此巨製，委實不易。戲曲愛好者讀來，可以比較全面地瞭解富連成——這個百年老科班的興衰始末。對於專業的戲劇研究者說來，也是一部很有價值的資料書。我們作為從事多年戲曲教育工作的人來說，對這本書更是十分喜愛的。

田淞　沈毓琛

寫於北京西山八大處金夢園